冠光寺眞法
保江邦夫

「自由術」

武術、宗教、科学の秘義

ロシア武術システマ
北川貴英

BAB JAPAN

CONTENTS

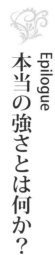

Prologue

最も簡単に神秘的パワーを出す方法

「イコンの手」の秘密

北川　今日はシステマ東京のYouTubeチャンネルの動画撮影のために、物理学者で武道家の保江邦夫先生にお越しいただきました。先生、よろしくお願いします。

保江　よろしくお願いします。早速なのですが、北川さんに少し実験に付き合ってもらえないかなと思っているのです。というのは、北川さんのロシア武術システマと、僕がスペイン人の隠遁者様に教えていただいた活人術に共通する話かもしれないからです。

北川　保江先生が指導されている冠光寺眞法の源、隠遁修道士様に教わったキリスト教の活人術ですね。これらの類似点については、システマの創始者であるミカエル・リャブコ（1961～2023）と保江先生が2014年に対談されたときにも、言及されていましたね。ミカエルはロシア正教の敬虔な信者でしたから、ロシア正教はシステマの精神的支柱といえます。

しかし、実験というのは何でしょう。ワクワクしますね。

保江　先日、岡山道場をまかせている香川君という僕の門人が「ちょっと面白いことがわかりました。手の形を変えるだけで、誰でも合気の技ができるんです」とメールをくれたのです。彼は中学校の技術家庭の先生で、以前から「キリストの『汝《なんじ》の敵を愛せよ』を実践すると重い物体を動かせ

2014 年 3 月 21 日、武術専門誌『月刊秘伝』の企画として、ミカエル・リャブコと保江邦夫の対談が行われた（2014 年 6 月号にて掲載）。

る」と言っていたのです。

授業で使う、木工用の旋盤がありますよね。普通は移動するのに二、三人必要なのですが、ある日、一人で動かさなくてはいけなくなって、その旋盤を愛してみたそうです。そうしたら、重さが２００キロとか３００キロ（※学校用の小型旋盤で約２８０キロ）もあるような機械を一人で動かせたというのです。人を愛して技が効くのはまだわかりますが、機械ですから最初は信じられなかったのですが、実際に後日見せてもらいました。たとえ相手が機械でも、愛すれば、状況、周囲の空間が変わると。

僕は物理学者だから、腹の中でつい「物は違うだろう？」と思ってしまいます。そこが未熟なのですよね（笑）。でも彼はそれを超越しているから、重い物体だろうが人間だろうが持ち上げてしまうのです。

システマ東京の原宿 HQ に置いてあるイコンの一つ。親指と薬指をつけている。

その彼から来たメールに書いてあったことは、「手の形を変えるだけで、誰でも合気の技、活人術ができます。親指を人差し指と繋ぐのではあまり効果がないのですが、親指を薬指や中指とくっつけるとできます。それだけです」と。僕は「そんなバカな」と思いましたが、そのとき思い出したのがロシア正教の教会などで掲げている聖なる絵、イコンだったわけです。

北川　東方正教会では立体の像を避ける傾向があるため、聖なる絵に祈りを捧げます。イコンというと日本人には馴染みが薄いかもしれませんが、パソコンやスマホで使う「アイコン」もイコンが語源ですから、そういう意味では広く浸透していますね。

保江　ロシア正教のイコンを見ると、キリストが手をこの形にしていますよね。だからこれは、実はカトリックのほうに伝わった隠遁者様のキリストの活人術の秘伝でもあるし、イコンにわざわざ描いて残すということはロシア正教のほうの秘伝でもあるのですよ。

北川　この手の形で愛が発動する、ということでしょうか。

保江　そういうことになりますね。愛の代わりなのでしょう。何の努力もしなくていい。相手を愛するとか、相手の周囲の空間を愛するとか友達になるという、内面的な努力は全くいらない。ただ手の形をこうすればいいと。

でも、未だに僕は信じてないのですよ。その門人がメールで伝えてくれたのを読んだだけで、まだ1度も試したことがないから。「ちょうどいいや。今日、北川さんのところで撮影があるから、そのときに試してみよう」と思って。そうしたらここ、システマ東京の原宿ＨＱ《ヘッドクオーター》に来てみると、やはりイコンがあるから「あ、ドンピシャだ」と思いました。

というわけで早速、少し実験させてもらえますか。北川さん相手にできれば、誰もヤラセだとか言いませんからね。

北川　本邦初公開どころか、保江先生自身も初体験ということですね(笑)。よろしくお願いします。

保江　初公開、公開実験で。僕は信じてないのですが、でもきっとイコンのキリストや阿弥陀如来像がやっているということは、何か意味があるのではないかと思って。

それでは、両手で体重をかけて押さえて、僕の腕を上げられないようにしてください。僕はまず力で上げますね。これは全然上げられない。次に、押さえられているのと反対側の手で、親指と人差し指の輪を作ると、少しだけ上がりますね。この手は「お金」のサインだから「儲かりまっか?」パワーですかね(笑)。

では最後に「イコンの手」、つまり親指と薬指の輪でやってみましょう。

北川 わっ。これだと簡単に上がりますね!

保江 ああ、行くんだ(笑)。何しろ初めてやったので。

北川 これは押さえられていない側の手でやるのでしょうか?

保江 では試しに、押さえられたほうの手を「イコンの手」にしてやってみましょう。

北川 こちらでもスッと上がりますね。この手があるかないかでは全然違う。

保江 やはりロシア正教は、こういうところに秘伝を隠してるのですね。日本も弥勒菩薩とか、そういうところに隠して「これが大事だよ」と、密かに教えてくれているのではないでしょうか。やっぱりこれ凄いな。これ世に出していいのかな。

北川 動画を公開しますから、世に出てしまいますけれども(笑)。

保江 まあ、みんなが使って楽しくやってくだされぱいいですよね。

体重をかけて両手で押さえられた手を上げるのは難しい。

反対の手をマネーサインにして上げると、わずかに上がる。

反対の手を「イコンの手」にして上げると、楽に上がる！

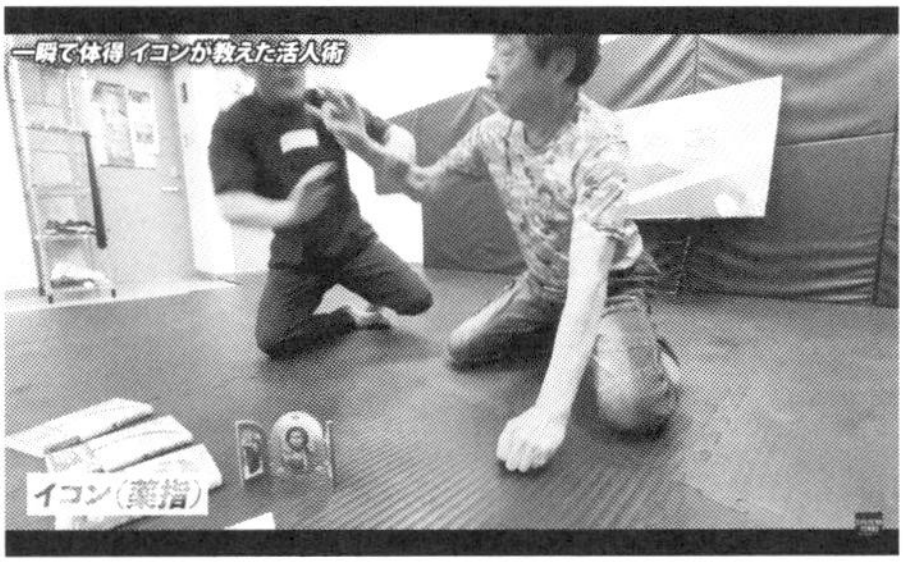

押さえられたほうの手を「イコンの手」にしても、楽に上がる！

カトリックとロシア正教、それぞれの祈り

保江　僕も「汝の敵を愛する」とか様々なやり方がありますが、例えば関西の反社会的な方々がガンガン言ってきたら、僕なんか気分が落ち込むのですよ。敵を愛するとかそういう、内面的な操作なんて無理ですよ。

それで僕の大東流の師匠、佐川幸義（1902〜1998）先生は、「保江君は気持ちが優しすぎるんだ。ガンガン言われたらもうダメになるから、言われそうになったら相手の喉を潰せ」とおっしゃいました。

北川　喉を潰せばしゃべれなくなりますからね。さすが大東流合気柔術中興の祖、武田惣角《そうかく》（1859〜1943）の直弟子です。

保江　でもこの「イコンの手」なら、相手がガンガン言おうが何しようが、相手に見えないところでちょっと輪を作ればいいわけですから。これは凄いですよ。お医者さんがやる「Oリング《オー》」テストは親指と人差し指の輪、「儲かりまっか」のマネーサインの形でやるそうですが、この薬指の輪は、イコン以外ではあまり見かけないですね。何か意味があるのでしょう。

カトリックでは十字架に磔《はりつけ》になった姿なので、手を開いて釘を打たれていますから、この手の形

はできないのですよね。ロシア正教だけがあえてこの絵面をずっと世界中に見せている。それを今まで誰も気づかなかった。

北川　この手の形自体が、そもそも〝祈りの形〟ということですね。

保江　祈りそのものでしょうね。システマもロシア正教がバックボーンにあるというから、創始者であるミカエル・リャブコ先生はストライクの拳骨の印象が強いですが、ひょっとしたら映像を確認すると一瞬このイコンの手をやっていらっしゃるのかも、と想像したのです。

北川　ロシア正教ではコンボスキニオン（チョトキ）という、仏教の数珠みたいなものがあって、ミカエルはセミナー中もずっと腕に着けていたのです。手で持つときに薬指を使っていたかはわからないのですが、これを着けていること自体が祈りだったのではないかと思います。

不世出の達人、大東流合気武術の佐川幸義先生による合気を使った二人捕。
（撮影：大森悟）

保江　それはカトリックではロザリオと呼ばれていて、祈りの回数を忘れないために使うといわれています。日本語で「数珠」というのも「数を数える珠」という意味ですね。それにしてもこれ、ぜひシステマ東京でも取り入れませんか？

北川　そうですね。システマではプッシュアップ（腕立て伏せ）をやりますが、そこでマインドセットを「自分のために」「隣人のために」「神に祈りながら」と切り替えて、それぞれどう違うのか？と比較したりします。祈りながらやると体がどう違うのか、と（やって見せる）。

保江　今やっていただいたのを見て、驚きました。カトリックの隠遁者様に教わった武術でも腕立て伏せをするのですが、拳と指という違いはあれど、手を置く位置とか、その感じが全く同じですね。普通に体育の授業でやるやり方とは少し違って。

北川　その神父様も腕立て伏せをされていたのですか。

保江　はい。しかもそのとき、頭の中ではグレゴリオ聖歌が響いているといいます。それが響いているとできて、響いていないとできない。痩せ細って、筋肉は全然ない人でしたから。

北川　内側に祈りがあると、できるのですね。指での腕立て伏せは結構ハードルが高いのですが。

保江　僕も筋肉はありませんが、祈りがあるとできるのです。

北川　それは生の歌唱ではなく、CDで聞いて、それを自分の内側で響かせるのでもいいのですか。

保江　それでもいいのです。僕もCDを買ってやりました。

北川　コロナ禍のときに、トロント本部校長のヴラディミア・ヴァシリエフが正教会の鐘の音をMP４でホームページからダウンロードできるようにしたのです。

保江　さすがヴラディミア先生。凄いですね。鐘の音というと、キリストの受難を描いた『最後の誘惑』（１９８８年、アメリカ）というハリウッド映画があって、これはローマ教皇庁から禁止になったのですが、大ヒットしました。これはキリストの本当の姿を描いたといわれていますね。

その映画で最後、磔になって「私は成就した」と言って事切れるときに、わざわざロシア正教の鐘が鳴るのです。

北川　アメリカ映画なのにロシア正教の鐘が鳴るのですか？

保江　そうです。徹底したリサーチで知られるマーティン・スコセッシ監督が、このシーンでロシア正教の鐘を鳴らしたのは、それが本物だという確信があるそうです。それぐらい、ロシア正教の鐘には信仰の真理を伝える力があるものなのだとか。ロシア革命のときにも、共産党に扇動されて教会を打ち壊しにいった農民たちが、教会の鐘の音でハッと我に返ったとか、そういうこともあるそうです。

僕は、ロシア正教はキリスト教の中でも原始キリスト教に近いのではないかと思います。カトリックが変えざるを得なかったものがある一方で、キリストがイスラエル近辺で伝導していたときの言葉に近いものが、巡り巡ってロシア語の聖典に流れていると言われているからです。だから僕は前から、ロシア正教には何か秘密がある、重要なことが隠されていると思っていたのですが。まさか、イコンという図像の中にあるとは。

北川　保江先生は本や動画などで、〝空間を切る〟という技法をやっていらっしゃいますが、今も手の形を作りながら、それをやっていたのですか？

保江　これは何もしてないのです。ただ手をこの形にするだけ。そこが不思議なのです。「相手の後ろの空間を愛する」とか、そういうのは努力がいるし、時間もかかります。この「イコンの手」は、何も考えず、ただこの手の形にするだけでサッとできてしまう。それが凄いのです。

北川　今まで先生が『合気五輪書』（海鳴社）や『完全解明！　合気の起源』（ＢＡＢジャパン）など、いろいろな本で書かれてきたことは要らないのでしょうか。

保江　要らないのです。「今までの俺は何だったんだ」という自虐的な気持ちになってしまいますよ（笑）。

北川　ひっくり返ってしまいますね。

保江　リャブコ先生には僕も、その対談のときに一度お会いしたことがありますけれど、もっとシステマとロシア正教について知りたくなってきました。そこでちょっと提案なのですが、北川さんにリャブコ先生のエピソードを語っていただいて、僕がそれを聞いて「ひぇー！　凄いな、同じだよね！」というのを本にしませんか？　東西のキリスト教の武術で、そこに武術のみならず祈りの場面とか、身を助ける場面で役に立つ様々な秘伝があるよ、と。これ現代の人にももっと広めたほうがいいと思うのです。もう今の時代では「隠して、自分たちだけが密かに使う」というのは根性

ミカエルのワークを体験。2014 年のミカエルと保江の対談は、システマの大阪セミナーに合わせて行われた。

が悪いですから（笑）。

北川　そうですね。あとこれは、ジムで練習するには少々やりづらいテーマでもあるのですよね。「宗教と武術」であるとか、体の研究について、保江先生は凄く詳しいですから、伺いたくて。

保江　それに、リャブコ先生のそういった面をご存知の方は多くないはずですから、北川さんが一番適任ですよ。リャブコ先生も天国でお喜びになっていると思います。

北川　はい。ぜひよろしくお願いします！

Chapter 1

ユーラシアの宗教に伝わっていた身体の奥義

「イコンの手」の反響

北川　いよいよ対談本編のスタートです。今回は保江先生の事務所にお邪魔しています。よろしくお願いします。

保江　こちらこそ、よろしくお願いします。

北川　先ほどのプロローグで触れましたが、システマ東京のYouTubeチャンネルで公開させてもらった動画は、「イコンの手」で誰でも合気技が使えるようになるということで再生回数がかなり伸びました。保江先生のほうにも反響はありましたか？

保江　いやもう、反響は凄いですよ。ちょうど昨日、武道と関係ないオシャレな雑誌の取材を受けたのですが、そこの女性編集長が開口一番「これ（イコンの手）って凄いんですよね」と言うのです。「何で知ってるの？」と聞いたら、「システマ東京の動画で見ました」と。

あの動画はかなりの人が見ていて、東京でやっている僕の道場の人から「今、道場でみんながブツブツ言ってますよ。『道場で一度だってこんなこと教えてくれなかったのに、何で北川さんに。俺たちはどうなってるんだ』とか」という連絡が来ました。そこで僕は「だって君らは、まだそのレベルじゃないから」と適当に言ったのですけどね（笑）。

システマ東京・原宿HQの壁に掛けられたイコン（これも同じ手の形）。

北川　ありがとうございます。うちに来た反響も凄いです。

保江　あれは初公開というか初挑戦でしたからね（笑）。あの日の朝にメールで読んだばかりで、実験も練習もしていない状態でした。北川さんの道場にいっぱいイコンが飾ってあって、それでお話ししたわけですから。

北川　そうですね。その中のいくつものイコンが、親指と薬指で輪を作っていましたからね。

保江　親指と小指の輪だと、あまり効かないのですよね。中指はまずまずの効き具合でした。人差し指は少し効く感じだったのは、お金を意味するマネーサインだからですかね。とにかく、薬指が一番効きました。

北川　親指と薬指を繋ぐのは、ヨガでは「スリヤ・ムドラ」や「プリティヴィ・ムドラ」と呼ばれて、かなり重要視されているそうです。

親指と人差し指で輪を作るのは「チン・ムドラ」といって、宇宙の原理と自我を接続する重要なものだそうです。仏教でも仏像の上品《じょうぼん》印とかで使われていて、かなり上位の印相《いんそう》なのですね。それが技としては薬指ほどは効かないのは、ひょっとしたら普通に人間が扱うには、我《が》が強すぎてしまう、という解釈ができるかもしれません。

保江　システマ東京のYouTubeチャンネルに出た動画を見たという僕の知り合い、いろいろな人が教えてくれたのですが、この手の形は、様々な宗教、神道とか修験道《しゅげんどう》とか仏教とか、真言密教を含み、あらゆるところにあるそうですね。真言密教では超秘伝で、高野山では阿闍梨《あじゃり》クラスでないと知らないそうです。

でも、いろいろな仏像もこの手の形をしています。これは「いろいろなところにヒントを置いたから、気がついたほうがいいよ」と、過去の人からオープンにしてもらっているわけですよね。

北川　仏師が仏様を彫るときに、何も考えてないわけないですよね。

保江　そうです。絶対に意味があると思います。

北川　仏教だと「印」「印相」「印契」などと呼ばれ、ヨガだと様々な手の形、「ムドラ」があったり、忍者とか修験道になると「臨・兵・闘・者・皆・陣・烈・在・前」の「九字護身法」。これは9種類の印を使いますが、最後には総まとめ的に「刀印」で空中を切ります。この動作は私の友人である忍道家、習志野青龍窟《ならしのせいりゅうくつ》さんに何度も見せていただきました。

私が個人的にクンダリーニ・ヨーガに触れたときも、ムドラに関する興味深い話を聞きました。九字の刀印もよく見たら親指で薬指に触れる形ですから、何か関係があるかもしれません。

保江　たしか、武術研究家の甲野善紀先生も手の形をいろいろと工夫してやっておられましたね。「旋段の手」とか「折れ紅葉」とか。

北川　甲野善紀先生も熱心に研究されていた時期がありますね。当時、幾度も技を受けさせてもらいましたが、手先の形を変えるだけで全身のまとまり具合が全く異なるので驚きました。やはり手は末端にあって神経がいっぱい通ってるから、いろいろと不思議な作用があるようですね。

保江　お医者さんの一人が教えてくれたのですが、薬指の輪の場合と、人差し指の輪の場合で、前腕の筋肉が違うそうです。やってみると感覚が違いますよね。何だか筋が通った感じがします。それはもう医学的にはわかってるのです。

北川　薬指は、正中神経と尺骨神経の支配領域が重なっているという特殊な指でもあるので、そのあたりも関係しているのかもしれませんね。

保江　はい。だから、医学的にはそうやって筋肉や神経の作用で説明しますが、真言密教ではこの手のことを絶対に教えないそうです。

北川　これはそれぐらい大事だと。

薬指を〝薬の指〟と呼ぶ不思議

保江　僕もあの後、調べてみました。なぜこれが「薬指」なのかと。だって他の指は、人差し指、中指で小指で親指という名前ですよね。これをなぜ薬指という名前で呼ぶようになったのか。外国語ではどうなってるのかな、と思って調べたら、「ring finger」つまり指輪の指とかいう例外は置いておいて、1番、2番、3番とか番号的な名前ばかりで、「薬指」というような表現は日本語だけなのです。中国語にも存在しないようです。わざわざ「薬」というのは不思議議です。

北川　そうなのですか。「薬指」という呼び名は中国がルーツではないのですね。「薬を混ぜるのに使う」という話もありますが、それだけではなさそうな。親指と薬指で輪を作ることで体が変わるというのは、欧米でもデイヴィッド・ウェックという人が研究しているそうです。

保江　僕も野口晴哉《はるちか》（1911〜1976）の整体治療に興味を持っていろいろと勉強したことがあります。それから、業捨《ごうしゃ》という治療法も。業捨の神原徹成先生が、親指で擦《さす》るときに、実は薬指で輪を作っているのですよ。最初は僕「親指1本でずっとやっていたら親指の筋肉が疲れるから、他の指で支えているのだろう」と思っていました。でも考えたら小指は使ってない。小指はピンとしてるから。ということは、ちょうどこれ、薬指の輪（イコンの手）になっているわけでしょう。

そこで僕の知り合いの女性に、この薬指の輪を教えたのです。その女性には少し心臓が弱いお子さんがいて、「夜中に体の不調があると次の日に病院が開くまで、手で心臓のあたりを擦るぐらいしかできない」と言って悩んでいたから、ふと思いついて「薬指で輪を作って擦ってごらん」と言いました。そうしたら翌々日メールが来て、「随分、不調が収まります。子供もすぐ落ち着くし、やっている自分も安心できます」と。

これは、お母さんが手を当てて「痛いの痛いの飛んでけ」というレベルかもしれないけど、ただ触って撫でるよりも、これでやるほうが病気が回復するようです。だから「薬指」だったのかな？と、ふと最近思っています。

北川　この手の形自体にヒーリングの効果がある。ヒーリングの指が薬指なのですね。

保江　それなら整合性があるというか、納得できますよね。そして日本だけで「薬指」と呼ぶということは、きっと日本人が見つけたのだと思います。それ以来、具合が悪い人がいたら「こんなふうに、薬指の輪で撫でてごらん」と伝えています。「本人がそうしてもいいし、周囲の人がそうやって撫でてあげてもいい」と。

北川　昔は日本でも「名無し指」と呼ばれていたそうですが、存在感があまりない指が、実はこれほど重要だったというのは驚きですね。おそらく、誰かがその大切さに気づいて「薬の指」と名付けたのでしょう。

保江　それでね、僕は昔、合気柔術の稽古で何度も突き指をしたので、脱臼したまま右手の薬指が曲がったままなのです。だからこのように、親指と薬指をくっつけるのが楽なのです。

北川　薬指が親指のほうに向かって曲がっているから、この手の形がやりやすそうですね。

保江　そうなんです。他の人より楽にできるから、ラッキーだなと（笑）。

北川　これは、そういうふうに導かれているのかもしれないですね。

保江　でも、これはどうして薬指なのでしょうか。

北川　普通、結婚指輪は左手薬指にしますよね。スペインとかでは右手の薬指にはめるそうですが、だいたいは左手です。西洋にも近代医学より前の伝統医学がありますが、その中に伝わる「薬指が心臓に繋がっている」という話に由来するそうですね。そこから考えると、婚約指輪というのは「心臓に繋がった指にロックをする」という意味合いかもしれません。

保江　なるほど。だからやはり、薬指には何かがあるのでしょうね。

北川　あるいは、エンゲージリングのエンゲージは契約ですから、契約で縛るのに一番適した指なのかもしれないですね。「根元を抑える」みたいな感じで。

保江　そうか、一番肝心な指、一番大事な指ということになるかもしれませんね。

北川　そういう不思議な力が出るということは、体の力だけではなく、誰でも精神的なものも変わってるはずですよね。

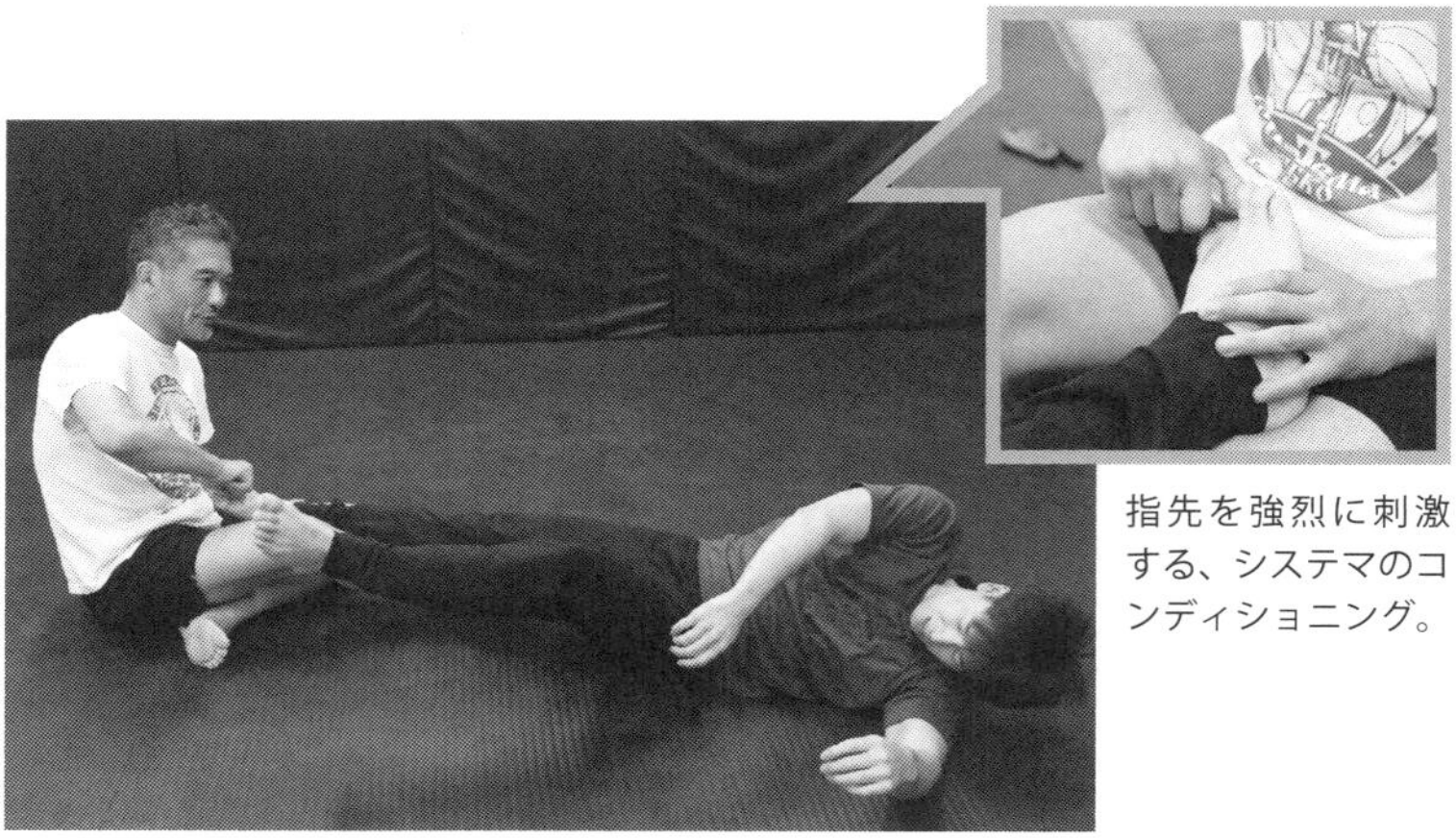

指先を強烈に刺激する、システマのコンディショニング。

保江　落ち着きますよね。ヨガの行者の人たちが座って瞑想するときは、多分これ（薬指の輪）が一番落ち着くような気もしますしね。交感神経、副交感神経を制御する。

北川　そうですね。あと、私はよくシステマのコンディショニングで、指先を刺激します。感度が鈍ってる人の場合、最初は何も感じないのです。それで、何秒か結構強い刺激を入れていると、3、4秒ぐらいしてから「痛てっ」とか言いだすのです。

保江　最初はわからないのですか。

北川　はい。だから少し強烈な刺激を指先から入れてあげると、脳と繋がるのですね。そうすると、その後はどこをやっても同じようにすぐ反応が出たりします。

保江　やはりシステマも、そういったことをするのですね。

北川　はい。これは大事ですね。

保江　この爪の生え際とか、かなり痛いですよね。でもこれで脳に直結の感覚が来て、体と心が元気にもなる。カナダの脳神経外科医・ペンフィールドによる「ホムンクルス図」でも、手が一番大きいですよね。次に大きいのが唇と手。それなのに現代人はあまり手を大事にしていません。

北川 そうですね。字を書くにしても、昔は毛筆ですから、繊細に腕や指を使っていたと思います。しかし今は、パソコンでキーボードを打つ単純な指の動作になっていて、スマホに至っては親指しか使っていないですから。

保江 それでもまだ日本人はたくさん使ってるほうかもしれませんね。日本人だとフリック入力、あの上下左右に振り分ける動きを使います。僕は苦手ですが、うちの娘なんか凄いスピードでやりますから、日本の若い人の親指の神経の発達具合はなかなかのものかもしれません。

薬指を繋ぐ感覚を、道具で補助する

保江 今少し考えてるのは、冬になったら手袋の、親指と薬指の先を結んでもらって、手を入れたら勝手に「イコンの手」になるようにしてみようかなと。

北川 そうしてる間に、ずっとエネルギーが充電されるということですか。

密教法具の一つである「五鈷杵」。両端にある尖りが三つのものは「三鈷杵」という。

保江　多分そうだと思います。

北川　何かが循環するのでしょうか。

保江　この手の形には、何かあると思うのです。真言密教で、空海の像が必ず五鈷杵《ごこしょ》や三鈷杵《さんこしょ》という道具を持っていますよね。実はあれを持つと、ちょうど手がこの形になります。お寺や博物館が公開している写真がいっぱいありますから探してみてください。可能だったら自分で持ってみるといいですね。

　五鈷杵の真ん中の丸く膨れてるところを持つと、自然と親指と薬指が触れて輪を作るようになっています。だから、空海がこれを持っているのは、いつもこうしているのを隠すためなのではないかと思うのです。

北川　「道具に何か力があるんじゃないか」と思わせておきながら、実は「その持ち方に意味がある」という。

保江　僕は最近そう思っています。だから、こういう道具を作ったのです。バトンなのですが、各々の手の大きさによって適切な太さが違いますから、誰もがちょうどいい感じに持てるテーパー状になっています。「Y―バトン」なんて呼ぶのもいいかな。

親指と薬指の輪（イコンの手）を作りやすくする、保江考案の「Y- バトン」。

北川　なるほど。その人の手の大きさによって持つ位置を変えれば、これを持つだけで、自然に薬指と親指の輪の形をキープできますね。何も持たないよりも楽に、手の形を作れる気がしますね。

保江　そう、これがあったほうが楽なのです。だから、五鈷杵や三鈷杵も多分これなのではないかと考えています。でも実はこれ、ホームセンターで買ってきた手作りのテーブルの脚なのです。1本ずつバラ売りしてたから（笑）。

北川　確かにこれは、手や指の感覚を掴むために有効ですね。

原始キリスト教から仏教まで
——ユーラシア大陸文化の痕跡

保江　あとそれから、このような本があります。例の動画の公開後に、僕の札幌の門人の菊池君が教えてくれた、『キリストと文化』（H・リチャード・ニーバー：著／赤城泰：訳／1967年、日本基督教団出版局）という古い本です。表紙絵のキリストの手が、親指と薬指で輪を作っています。

北川　うわ、これは全く同じ形です。カトリックの本ですね。これを表紙にドンと載せているのですね。

保江　ただ、本の内容は、この手の形と全然関係がないのです。薬指の話とかはなくて、普通にキリスト教の文化についてアメリカ人が書いたのを翻訳した本なのですが、表紙は本当に「イコンの手」と同じなのです。カトリックやプロテスタントで普通は見かけませんが、実はこういう図像もあるようです。

北川　そして、こういったものがキリスト教だけでなく仏教などにも潜んでいる、と。

保江　仏教といっても、真言密教はかなり、景教から来てるのです。

北川　景教というと諸説ありますが、一般的には東方諸教会の一派、ネストリウス派のキリスト教が中国に伝わったものとして知られていますね。密教はそこから来ているのですか？

保江　密教全てではなく、弘法大師様が開かれた真言密教ですね。その頃の中国、唐の長安では景教が大流行していて、「大秦景教流行中国碑」という石碑も残っています。大秦というのはローマのことですね。実はその碑文を書いたペルシャ人の景浄という人は、空海にサンスクリット語を教えた般若三蔵と一緒に仏典翻訳をしていたのです。そして空海に密教の秘義を授けたという青龍寺の恵果和尚もペルシャにルーツがあるといわれている。空海は長安であらゆることを学んで戻ってきて、それを真言密教という仏教の一派として広めたのですが、実はそれはネストリウス派キリスト教が相当入っているというわけです。

『キリストと文化』表紙の「イコンの手」。

北川　仏教のルーツであるインドには、十二使徒のトマスやバルトロマイがキリスト教を伝えたという伝承がありますしね。景教と密教に繋がりがあるとなると、そうなりますね。そのような壮大な繋がりがあるとは思いませんでした。原始キリスト教というものは、なかなか面白いですね。

保江　原始キリスト教でいうと、エジプトですね。今のエジプトはほとんどがイスラム教の信者なのですが、キリスト教の信者たちがいて、コプト語という言語を話していますが、彼らの信仰はキリストが生きていた時代のものに一番近いといわれています。でもコプト語を話す人は少ないから、ロシア語に訳されて伝わっていると思うのです。

北川　うわ、先生の話の展開が速いので、一つずつ噛み砕かせてください（笑）。

キリストや弟子たちが話していたのはアラム語といわれていますが、エジプトにおけるコプト語での布教はかなり早い時期に行われたと推測されていますね。そもそもキリストはヨーロッパの絵画や映像作品だと白人として描かれることが多いですが、ざっくりいうとエジプト人ですからね。歴史も長い上に日本人の感覚で分けるのは難しい面もありますが、実態としてはエジプトと繋がっています。5世紀にカトリックなど現代の主流派となっているキリスト教から分離して活動を続けている人たちもいます。東方諸教会とかコプト正教会と呼ばれているものがそれですね。

ロシア正教は、もう少し後に分裂した東方正教会に含まれますが、ローマ皇帝との関わりを強めていったローマ教会に対抗する意味もあって、昔ながらの教えを継承する正統派ということで、「オーソドックス」を名乗っています。だからカトリックが取り入れたグレゴリオ暦をいまだに拒み、昔ながらのユリウス暦をいまだに利用しています。両者はうるう年の数え方が微妙に違うので、クリスマスの日付などが少しずつズレていっているのです。

保江　そう。ロシア正教と同じ、オーソドックス（正教会）の一つですね。「オーソドックス」は「正統」という意味なので、日本語では「正教会」。「カトリック」は「普遍」という意味ですが、普遍性を獲得するために変えてしまった。あるいは変えざるを得なかった教えが、おそらくコプト語からロシア語に訳されて伝わっているのではないかと。

北川　ギリシャ語とロシア語はどちらもローマ字（ラテン・アルファベット）ではなくキリル文字系だ、という話ですね。言語としては離れていますが、文化は文字に乗って伝わるから。そもそもキリル文字というもの自体が、聖書の教えを東欧やロシアなどスラヴ系の言語に翻訳するために、ギリシャ人の修道士がギリシャ文字をもとに作ったものですからね。

保江　そうです。アラム語やコプト語なんてごく少数の人しか話さないから、様々な教えはギリシャ語に訳されて、それが本にまとめられたのが私たちの知る『新約聖書』の始まりです。その後、ラテン語に訳された聖書が最も正しいということになって、中世の聖書解釈はラテン語訳を原本みたいに扱うようになった。でも正教会のほうは、そうやって変化する前の文化が保存されている部分があるのです。

北川　元々、仏教もそうですが、イエスの言葉が直《じか》に書いてある本（テキスト）はなくて、お弟子さんたちがその言葉を書き残した文書が何種類もあったのですね。それが纏められて『新約聖書』となりましたが、そのときに「正典」から除外された、「外典」と呼ばれる文書もありました。それで、初発見の外典を含む、４世紀ぐらいの聖書の一部がエジプトのほうから甕《かめ》の中に入って見つかったことがあって、それもコプト語で書かれてたのですよね。

保江　『ナグ・ハマディ写本』ですね。あの時代になってくるとギリシャ語からの翻訳だったりするので、また深入りすると面倒ですが、面白いのです（笑）。

それで正教会とカトリックが分かれて、次に宗教改革でプロテスタント、つまり「抗議派」が分かれていきましたね。今ヨーロッパではプロテスタント信者が一番多いですが、由緒があって政治的に影響力があるのはカトリックです。

北川　今のヨーロッパ文明の下敷きはギリシャ・ローマ文化ですよね。ドイツもアメリカも、国のシンボル的な建築がギリシャ・ローマ風なのは、その継承者だと暗示するためだといわれています。東欧でもルーマニアは「ローマ人の国」という意味ですし。

地中海世界は元々ローマ帝国があって、当初はキリスト教を迫害していたのが、コンスタンティヌス帝のとき（313年）に公認しました。そこで、元々エジプト・中東の文化圏から生まれたキリスト教が、そのギリシャ・ローマの文化圏に広がるときに微妙に変わっています。

ギリシャは現代に繋がる哲学や数学を生みましたが、ロゴス（秩序、調和、知性、言葉）とか、そういうロジックで様々なことを証明することを非常に優先していた時代なので、それに合わせて、神の教えをロジカルに語る必要性が出てきました。

そしてローマ帝国の領域では、元々ギリシャ神話のアルテミス信仰とか、ミトラ教というのがありました。「聖女マリアが処女」という解釈も、アルテミス信仰の影響だという説があります。ギリシャ・ローマ文化圏の住民を相手に布教するときに「女神は処女だ」ということにしておかないと信じてくれないから、というのがあったりして。

保江　はい。聖書にキリストの誕生日が書かれていないのに12月25日にクリスマスをお祝いするのは、ミトラ教の冬至のお祭りと重ねたためだったりしますね。

北川　キリスト教を正式に国教としたローマ皇帝テオドシウス1世（347〜395）が複数の子供に分割統治をさせて、それがローマ帝国の東西分裂の原因になりました。

西側のローマ帝国に伝わっていったのはカトリックで、東側のローマ帝国に伝わっていったのが正教。別々に暮らしていれば聖書の解釈とかも変わりますから、少しずつ教義においても分裂が広がっていきました。

そしてトドメともいえるのが十字軍ですね。カトリックの人たちが十字軍の結成をして、イスラム教徒から聖地イスラエルを取り返そうというときに、その通り道に東ローマ帝国があった。しかしイスラエルとローマは非常に離れているから、途中で物資を調達しないといけない。それで東ローマ帝国の領土で「現地調達」をしまくったという。

保江　荒らしまくったのですよね。東ローマの人たちは「何だあいつらは」となって、決定的に分裂してしまう。そして今に至るという。

北川　西ローマ帝国のほうでは、「教会はローマ皇帝に権威を授ける」という立場になったから、政治との密着が増していったのですね。それもあって、カトリックは少し変わっていった。

もちろんロシア正教のほうも、単純に古式を保存しているというわけではありません。元々キリスト教は微妙に土着の宗教を吸収するところがあります。ハロウィンなんかケルトのお祭りで、本当は教会とは無関係ですし。東に伝播した正教の教えも、ロシアに元々あったロシア神話、スラブ神話の影響も受けて少し「受け入れやすい姿」になって、モスクワ大公国に受容されました。これは今のロシアのベースになる国で、そこからロシア帝国の国教となって今に繋がっているわけですね。

保江　ありがとうございます、これなら読者にもわかりやすいと思います。

北川　もう、話についていくのに必死です（笑）。

保江　しかし、北川さんがこれほどまでお詳しくて驚きました。先ほどのミトラ教とか普通の人は知らないでしょう。

でも、それは確からしいのですね。世界を動かしていたローマ帝国で、ローマ神話の神々、アルテミスとかアポロンとかを信じてた人たちが、まずキリスト教に入り込んでいった。だからそれは、ローマ的なキリスト教なのです。

つまり聖母マリア信仰というのは、実はローマ時代のアルテミス信仰から来ている。それは遡ると、中近東のミトラ教や拝火教（ゾロアスター教）。ミトラ神は太陽神で、拝火教の最高神であるアフラ・マズダの名前は「天の光」という意味。それが逆に東に流れてきて、日本では天照《アマテラス》になっている。

仏教では阿弥陀とか如来とか、そういう位置付けで浸透して。結局、キリスト教の中にも入り込んでいるし、仏教の中にも入り込んでいます。

あとそれから、世界的に暗躍するフリーメイソンとかイルミナティとかですね。イルミナティというのは、そのミトラ信仰、アルテミス信仰です。イルミナティは日本語では光明《こうみょう》と書くから。

北川　光明結社といいますね。

保江　そう、光明結社です。実は仏教の中にもそれが入っていて、光明派というのです。これは○○宗や△△宗とかの枠を超えて、日本の仏教の中に光明派という超宗派の繋がりがあって、かなりの人物がそこに帰依してるのです。例えば、ある人は真言宗なのだけど光明派、あの人は日蓮宗だけども光明派、というふうに奥で繋がっています。

北川　それぞれの宗派の中に光明派があるわけですか。

保江　内《うち》は同じなのです。同じ主張です。

結局遡ると、中近東の頃はアフラ・マズダ、さらにミトラ、さらにアルテミス、アポロンと繋がっている。だから結局これ、薬指の輪もひょっとすると、アルテミス、アポロン、その頃からのものなのかもしれません。

北川　なるほど。そう繋がるわけですか。

保江　先日、「エニアグラム」をやっている京都の川崎愛さんとお会いしました。エニアグラムというのは、ローマ帝国の頃に、おそらく執政官か神官が閃いて組み上げたといわれるメソッドです。その人の人物の過去から未来までを全部読み解くための体系で、相手を見るだけでズバズバと当てられます。事前情報として誕生日もいらないし、年齢も名前もいらなくて、初対面でも見ただけで当たるのです。川崎さんとの共著『愛が寄り添う宇宙の統合理論』（明窓出版）に詳しく記してあります。

北川　それは凄いですね。

保江　それが、ローマ帝国の執政官か神官が神にいただいた知恵なのだそうです。ローマ帝国時代は、おそらくキリスト教に入ってきたアルテミス信仰がマリア信仰に変わったりするわけだから、これもその辺に起源があるのでは、と最近思っています。

北川　どこかの誰かが啓示を受けて始めたのかもしれないですね。インドのヨガでも同じことをしているわけで。

保江　だって全部、ミトラ神あたりですからね。

北川　たまたま収斂進化的に同じものが発生したわけではなく、一つのルーツがあり、それがキリスト教などに入っていった、と。

湯川秀樹・岡潔・オッペンハイマーを繋ぐ光明派

保江　光明派の話は、科学者の話にも繋がります。ノーベル賞を日本で最初に取った物理学者の湯川秀樹（１９０７〜１９８１）先生と、数学者の岡潔《おかきよし》（１９０１〜１９７８）先生という少し変わり者の話です。

北川　岡潔先生は、「情緒の数学者」として有名な方ですね。

保江　さすが、知識が幅広いですね。

岡潔先生は、旧制三高（第三高等学校）の数学の先生で、湯川先生はその教え子で、直接数学を習っていました。その後、岡先生は奈良女子大の教授でずっと数学を教えていらっしゃった。あるとき、授業中にきちんと聞いてなかった女子学生に「裸で立ってろ」と言ったら、本当に裸になってしまって、その事件が新聞に載りました。当時といえども、それは問題になりました。

北川　やりすぎだろう、と。

湯川秀樹

岡潔

保江　今なら即クビですよ。当時も世間が騒ぎ始めたので、湯川先生がその頃ノーベル賞を取ってアメリカから帰って京都大学の教授になっていたから、「岡先生、しばらく京大に来て、ほとぼりが冷めるまで数学を教えてやってください」と言って、2年間は京大に移籍しました。だからその期間は、湯川先生は昔の恩師である岡先生とほぼ毎日一緒に研究していたのです。

　そのときに、アメリカから、ロバート・オッペンハイマー（1904〜1967）が来た。今、映画にもなってる、原子爆弾を作った人ですね。というのは、オッペンハイマーが戦後、湯川先生がノーベル賞を取ったときに、アメリカのプリンストン（高等研究所）に呼んでくれた。それで、オッペンハイマーと知り合って、湯川先生はオッペンハイマーに対して、ある凄い日本の仏教のお坊様の話をしたのです。それが、岡潔先生が帰依してた山本空外《くうがい》（1902〜2001）というお坊様。

　彼は（戦前）東大の哲学科で、宗教哲学を教えていた。それから広島の大学の教授になって、そのときに原爆を落とされて被爆したのです。目の前で悲惨な状況を見て、これは学問としての宗教

ロバート・オッペンハイマー

山本空外

を論じている場合ではないと、浄土宗のお坊様になって、亡くなられた方々を慰霊することを始めました。もちろん本人も被爆していました。

その山本空外和尚は浄土宗なのですが、光明派に入って活動されていた。それを岡潔先生が知って、山本空外和尚の光明派に帰依した。そこで岡潔先生は、数学は愛だ、情緒だというような発言が増えてきました。

北川　そのオッペンハイマーの映画は私も観ました。大変面白かったです。そういうルーツがあったのですね。

保江　そのときにちょうど岡先生が京大に呼ばれて、湯川先生と親しくしていたから、湯川先生もその山本空外和尚に帰依して光明派に入った。だから今、山本空外和尚のお墓は京都の知恩院にあります。大きな自然石の墓石があって、その隣は湯川先生のお墓。それは湯川先生が「山本空外和尚の隣に作ってほしい」と遺言したのです。それぐらい帰依していました。

湯川先生は山本空外和尚の光明派のことを、プリンストンに呼ばれたときにオッペンハイマーにも伝えました。そうすると、オッペンハイマーは異常に興味を持ったそうです。

北川　原爆繋がりということもあるのでしょうか。かつ、光明派で。

保江　これは僕の想像なのですが、オッペンハイマーはイルミナティだったのではないでしょうか。それで同じイルミナティの流れのものが日本にあったというので、俄然興味を持って、湯川先生を訪ねてきたと。名目は湯川先生なのだけど、主たる目的は山本空外和尚に会わせてくれということだったのではないか、と思います。

実際、それで湯川先生がお連れして、山本空外和尚に会ったので、オッペンハイマーも山本空外和尚に帰依したいと。でも、空外和尚はそれを断った。「アメリカ人のあなたにこの光明派の思想は、おそらく論理ではわかってても本当のところはわからないから、無駄なことになってしまう。あなたの人生を無駄にしてしまうから、あなたはもっとこれから、この新しい平和の世の中に、あなたの専門の原子物理学とか、そういう内容で寄与してほしい」と言って断ってしまったのです。

オッペンハイマーは納得して帰るわけですが、どうも僕は、イルミナティと光明派の繋がりで、オッペンハイマーはアメリカに回って伝わってきたイルミナティにはまだ少し疑問があったのではないかと思うのです。物理学者だったわけですし。それで、広島で被爆した坊さんが光明派と知って、その考えが非常にイルミナティと共通項があるので興味を持った、と僕は思っています。

北川　その光明派の思想というのは、どういうものなのですか。

保江　光明派の思想の話は、僕がなぜアフラ・マズダだとかアルテミス信仰を知っていたかという話になります。

〝光明〟が、あらゆる宗教というか思想の根幹に通底している、という考え方です。表面上は仏教だったり、キリスト教だったり、あるいはイスラム教だったり、拝火教だったりします。表面上は教義も何もかも結構違っていても、とことん追求していくと、根底に共通したものがある。それは「〝光明〟つまり〝光〟こそが、人間の本来の姿である」「それこそが我々の真の存在なんだ」という思想です。

北川　なるほど。〝光〟の体験の話というのは、古今東西宗教を問わず、どこでもありますよね。

保江　そうですね。宗教になってないものも含めて。

北川　空海にも「金星が飛び込んできた」みたいな話がありますし、合気道開祖・植芝盛平（1883〜1969）先生の、黄金体の体験もそうですね。〝光〟というのはやはり、キーワードですね。宗教だけでなく武術も、限界のその先まで追求したところに、〝光〟の境地がある。

保江　だから、武術も思想も宗教も、全部共通していますよね。

僕は大腸がんの手術で心電図がピーッとなって2分30秒手術室で死んだとき、本当にドロドロした地獄のようなところの映像で、クワアァッとなって必死になり、信者でもないのにマリア様にすがったわけです。そうしたら、白い点がだんだん大きくなっていって、その地獄絵図のようなドロドロした背景を全部壊して、真っ白になったら、恐怖感も痛みもなくなった。あれも考えたら光明ですよね。

北川　キリスト教の神秘主義にヘシュカスムというものがあります。ロシアやギリシャの正教会の修道院の総本山のような場所がギリシャのアトス山にあって、そこは政治的な力は全くないのですが、完全な自治になっています。そこでやっている行法が、ヘシュカスムというもので、独自の呼吸法でもって光の体験を目指すのです。だから関連していますよね。

キリスト教の聖書でも、タボル山の変容という一節があります。あるとき、イエスが光に包まれ、その中でモーゼに会って、弟子たちは近づくことができなかったという。そういう光の体験的なのがあるのですね。

保江　実はミカエルも、そういう体験があったそうです。

北川　やはりそうなのですね！

保江　家族で過ごしてるときに、急に光が降りてきたそうです。で、奥さんと息子が一緒にいたので、「ちょっと見せてあげられるかもしれないから、手を繋いで」と。三人で手を繋いでいたのですが、しばらくしてミカエルは残念そうな顔をして、「ああ、まだ時期じゃないらしい」と。ミカエル自身、光の体験は時々不意に降りてくるみたいでした。それを家族に見せたかったのだけど、見せられなくて残念だった、と。

保江　なるほど。ご家族の方には、まだその時期ではなかった、と。

北川　武術家や宗教家に通じる境地みたいなものがあるのだと思います。ミカエルのそういう不思議な話はいくつか、拙著『達人の条件』（ＢＡＢジャパン刊）に載せました。

保江　いや、やはりリャブコ先生は凄い方です。

Chapter 2

科学で宗教の極意に迫る

空中歩行へ導いた、天国の旋律

保江　話題が一旦脱線して申し訳ないのですが、先日、映画の『オッペンハイマー』（２０２３、アメリカ）を観に行こうと思って出かけました。封切りで宣伝していたときは観ていなかったのです。物理学者としてのロバート・オッペンハイマーのことは、直接会ったことはなくても、ある程度知っているから、映画で描かれたものを観る必要はないと思っていたのです。それこそ湯川先生のところに訪ねてきた人ですしね。

北川　ある意味、理論物理学者同士で同業者ですからね。

保江　ところがある日、テレビで長崎原爆の慰霊祭のニュースをやっていて、長崎のどこかの大学の名誉教授のおじいさんが「『オッペンハイマー』という映画で、アメリカが初めて原爆開発をアメリカの負の遺産、恥ずべきことだというふうに描いたので、今年の慰霊祭は気持ちが新たになりました」ということを言っていたのです。それを見て「それなら観てみようかな」と思って。大手の映画館では終わっていましたが、ネットで調べたら事務所の近くの恵比寿ガーデンプレイスにある小さな映画館で上映していたのです。

北川　恵比寿ガーデンシネマですか。あそこはセレクトの良い映画館ですよね。若いときにそこで観た『ガタカ』や『アナとオットー』は今でも好きな映画です。

保江　大人びた良い映画館ですよね。いつもは空いてるのですが、その日はスタッフの女性と二人で、真夏の暑い中を20分ぐらい歩いて行ったら満席でした。ニュースのおかげか『オッペンハイマー』だけチケットが売り切れだというのです。そのまま他の映画館に移動するのも暑いから、もうそこでビールを飲もうかと。

北川　あそこはコーラとかではなくて、ビールやワインを出してくれますからね。

保江　それで、ラウンジもあるから「ここでビール飲んで涼んで、その1時間後ぐらいに始まる他の映画、どれか観てみようか」と言って、券売機の前に立ったら、2本ありました。どちらも僕がいつもなら絶対見ないジャンルの映画で、一つは音楽もので、もう一つは男女の恋物語。

時計を見たら、ちょうど1時間後、ビール飲み終わった頃にやるのが、『ボレロ　永遠の旋律』（2024、フランス）というタイトルの音楽映画だったので、「じゃあこれでいいか」と言って、観たのです。そうしたら、とてもいい映画でした。クラシック音楽の肩肘張った話なんて普段は大嫌いなのですが、本当に感動しました。あのボレロを作曲したモーリス・ラヴェル（1875〜1937）というフランスの作曲家の物語だから、劇中では延々とボレロが鳴り響いている。そうすると、観終わった後も頭の中にあの旋律がずっと残っているのです。

モーリス・ラヴェル

終わってから映画館を出て、隣にあるイタリアンのレストラン（バーチョ・ディ・ジュリエッタ恵比寿）に二人で行って飲んで、出る頃は8時を過ぎてたので、夏だけどもう暗くなっていました。帰るために「タクシーを拾おう」と思って見回すと、向こうのほうに客待ちで停まっているのが見えました。

そこは、恵比寿ガーデンプレイスの敷地内の広場みたいな空間があって、広めの歩道があって、さらに車道を挟んで南東に、ガーデンプレイスとペアになった外資系のホテル（ウェスティンホテル東京）がありますよね。その車寄せのところに3台、空車が並んでいました。「あれを拾ってスタッフの女性を送らないといけない。他の誰かに取られてなるものか！」と念じてグッと睨んで、もう一直線にズンズンと歩いていったのです。そのとき、頭の中ではボレロがずっと鳴ってる。

その歩道の手前のガーデンプレイスの敷地内には、2メートル幅ぐらいの水路があるのです。でも、もう「タクシー、タクシー！」しか考えていないから、水が流れていることなんて全く意識に入っていませんでした。

それで、ダーッと進んで、気づいたら水路の上を渡ってました。何か周囲の人が「え？」という感じで唖然とした雰囲気。振り返って見ると、自分が歩いてきたはずのところは結構な幅で水が流

保江が「空中歩行」した恵比寿ガーデンプレイスの水路

れているのに、ズボンも靴も濡れていない。一緒にいたスタッフは四つぐらいある飛び石のところを歩いていたけど、僕が通ったところには何もない。

北川　飛び石を踏んで歩いたわけではないのですね。

保江　二人で横に並んで歩いていたから、そのスタッフが飛び石を渡っていると、当然ながら僕は何もないところを歩くことになる。「先生、何もないところを歩いてましたよ」と言われました。

北川　水が流れてるはずの場所を！

保江　何だか、そういう現象が起きたのです。

北川　ついに空中を歩いたわけですね。

保江　そうです。あのキリストがガリラヤ湖を水上歩行で渡ったみたいに。あるいは、あのヨーガの成瀬雅春先生の空中歩行みたいに。でも僕はそのとき、「そんなことよりもタクシー捕まえなきゃ！」と思っていたから。「もういいから行くよ！」と言って、ちゃんとタクシーを捕まえたわけですけど。

北川　自己申告ではなくて、しっかりと目撃者もいたのですね。

保江　はい。それで全く濡れてないのですよ。でも、僕の足の感覚は凄かったのです。足の裏に凄い衝撃が1、2、と2回来た。先に左足の裏に衝撃、次に右足の裏に衝撃。それで、次の左足は普通の地面の上に立ってて。

北川　では、何か踏んだ感触はあったのですね。

保江　踏んだというより、下から突き上げられる感覚でしたね。そして翌朝目が覚めたら、足が攣《つ》るぐらい筋肉痛になっていました。前日は何も激しい運動をしていないのに。

北川　結構な衝撃だったということですか。

保江　水路にジャボンと落ちないように、僕の体を突き上げてくれたわけですからね。僕はわりと受け身はうまいから、ボコンと足場が崩れたりしても大抵は受け身を取れます。でも、そんな2メートル幅の、石に囲まれて水が流れているところで受け身をしたら、頭打ったりして余計危ないし、びしょ濡れになりますよね。だからそんなこと一切しないで、普通に小走りに歩いてるのを支えてもらえたような気がします。僕を支えるために、空間が下からボコーンと突き上げてくれたとしか理解できないのです。だって濡れていなかったわけですから。

北川　普段から空間を愛していたから、できたのでしょうか。

保江　そのときは頭の中にボレロの旋律がこびり付いて取れない感じで、ずっと鳴り響いていました。その上でずっと、「タクシーを絶対取られてなるものか」と睨んでいた。そんな状態だったのです。

北川　あの旋律と、そういう精神状態には、何かがありそうですね。

保江　この話は北川さんにはしたかもしれませんが、沖縄から来た若者の話です。５月の連休の頃、僕の東京の道場の稽古に、沖縄から初めて来た若者がいました。総合格闘技の派手な黒い稽古着で、「何をやってたの？」と聞いたら「今は総合格闘技だけど、元々は上原清吉先生の本部御殿手《もとぶうどんでぃ》をやっていて、上原先生が亡くなられてからはいろいろな先生のところに行っています」と。

空中浮揚したヨーガの成瀬雅春先生のところでは、空中歩行をやっていたそうです。チベットに行ったときは空中歩行ができたのだそうです。ところが日本に帰ってきたらできなくなったと。「なぜ？」と聞いたら、「チベットは氷河とかがポコンと割れて、急に落ちることもあるし、地面が日本みたいに整地されていないから、移動してるときにもし落ちたら死んでしまう。だから、空中歩行ができる状態で移動しないと命に関わるんです」と言っていました。

北川　急に足元がなくなるような土地では必要なスキルだったのが、安全な環境では自然にできなくなっていったのですね。

保江　その稽古の前日ぐらいに、こんなことがありました。詳しくは後で（１６６頁～）話しますが、体を縄で縛ることで皮膚感覚そして意識が鋭敏になるという緊縛の技術があって、その流派の人に来てもらって、一人の女性（映画に行ったのとは別の女性）にかけてもらったのです。縄で縛るわけですから、僕はそのそばでハラハラと「いざとなれば僕が間に入って止めなきゃいけない」と思って見ていました。そうすると、〝僕〟が変わるのです。もう、愛おしくて愛おしくて、可愛くて可愛くて、という気持ちになってしまって、その緊縛が終わっても、その感覚は続くのです。

一番凄かったのは、その後、別のところへ行くためにタクシーに乗っていたら、運転手さんが信号待ちで振り向いて、「お客さんは優しい人ですね」と言うのです。何も喋らずに座っていただけなのに。

あと、近所のカフェのお兄さんたちにも「何かあったんですか？」と聞かれました。ただコーヒーを飲んでいただけなのに。

自分以外の人との間の距離がゼロになって、距離感がなくなっていて、自分と一体の全てのものが、愛おしい愛おしい、可愛い可愛い、となってしまった。「ひょっとしたら、この状態で技をかけると、単に『相手を愛する』よりも、自然に動くだけで合気的な技になるんじゃないか？」という感覚です。初めてそんな状態になったから、道場で古参の大きな門人、山口君に、「何でもいいからかかっておいで」と言って、やってみました。そのとき僕は、もうひたすら相手のことが愛おしくて愛おしくて可愛くて可愛くて、という思いでした。巨体の彼が向こうからかかってきたけど、彼は簡単に吹き飛ばされてビックリしていました。

それを見ていたのが、その沖縄から来た若者です。彼が稽古の終わりに、「さっきの保江先生の目つきと歩き方は、成瀬先生が空中歩行をするときの目付けと歩き方と同じでした。だから保江先生も、もうしばらくしたら空中歩行ができますよ」と言って沖縄に帰っていったのです。

そのときは「いや、俺ができるわけないな」と思っていたのですが（笑）。考えたらあのとき、遠くの車寄せのタクシーを絶対に誰にも取られないように、うわーっと睨んで、一直線にひたすら歩いていて、かつ、頭の中にボレロが鳴り響いていたからできたのでしょう。

北川　余計な雑音みたいなものがない状態だったのでしょうね。

武術を長くやってると、空中歩行ほどではないにしても不思議な話はいろいろと聞きます。そういうのは「本当か嘘か」と決めつけられがちですが、そのような決めつけというのは、いずれにしてもとても狭量だと思うのです。実際に見たわけではないので、白黒つけようがない。ただ保江先生が、空中歩行としか言いようがない体験をしたんだな、とそのまま受け入れます。自分も機会があればやってみたいですしね（笑）。

保江　また一旦話が変わるのですが、いいですか。

北川　もちろん大丈夫です。保江先生の話は意外なところから繋がって、伏線回収されるのでワクワクします。

保江　僕は10年ぐらい前、３回死んだ人に会ったのです。その人は木内鶴彦さんといって、スピリチュアル業界では超有名な人で、元航空自衛官。彼は3回死んでいるのです。3回とも医師の死亡診断書があるのですが、30分後とか1時間後になぜか戻ってきた。その間にいろいろなことを経験したそうなのですね。〝臨死〟体験ではなくて、本当に死亡しているから〝死亡〟体験。その体験談をあちこちで講演している人です。

その彼と僕で対談本を2冊出したのですが、その雑談のときに教えてくれました。「親戚とか家族に看取られながら死ぬときと、孤独死で誰にも看取られずに死んでいくときとで、天国とかの行き先は違うのですか？」と聞いたら、「同じだけど、実は孤独死とか、ごく一人二人でしか見られてないときには、その分、天国から天使とか聖霊がたくさん降りてきて、みんなで拍手しながら迎えてくれるんだ」と。だから、決して孤独死は寂しくないのだそうです。

孤独死の人を天使とか精霊が迎えに来て、天国に凱旋していくとき、実は音楽が奏でられるのだそうです。「どんな曲ですか？」と聞いたら、口ずさんでくれました。それが、ラヴェルのボレロ。

北川　ボレロは天国の旋律なのですか。

保江　僕はその映画で初めて知ったのですが、ラヴェルの人生はとんでもないのですね。普通ではない。四人の女性が周りにいても、一切手をつけないで、一人が服を脱ぎそうになったら「脱ぐな」と言う。「そばで話をして、自分の心を穏やかにしてくれ。もうそれだけでいい」と。もう超越してるのですね。最後までそうでした。

しかも丁寧なフランス語の表現しか使わないのです。親しくなった人への表現、砕けた口調は使わない。死ぬまでそんな人だったから、ボレロ、つまり死に行くときの天国への凱旋曲を、譜面に落とせたのだと思います。

それで、その日の僕はボレロが鳴り響いてたわけです。しかも『オッペンハイマー』を観に行ったつもりなのに満席で観られなくて、仕方なく『ボレロ』を観たら。ボレロが鳴り響き、成瀬先生と同じ目つきと歩き方で、ズゥッと歩いていたら。

僕自身はわからないけど、目撃した人は「後ろから見ていたら、凄い身のこなしとバネでした」と証言しています。

北川 空中歩行をしてしまったのですね。

保江 僕はそれほど足腰が丈夫ではないから、ありえない話なのです。

北川 やはり何かが起きていたのですね。

保江 オッペンハイマーがきっかけでね。

そしてこれが、光明派の話に繋がるのです。オッペンハイマーはイルミナティで、湯川先生をわざわざ「山本空外和尚に会わせてくれ」と訪ねてくるぐらいなのですから、やはり彼も感じるところがあったのでしょう。光明派、アルテミス信仰、キリスト教、仏教、いろいろなところに入り込んでいる。それはきっと、「我々の存在は光なんだ」ということを様々な形で伝えている。

だから、この「イコンの手」、親指と薬指の輪は、光明派でいうと本当に光の存在になるための、一番簡単な方法だと思います。言葉の場合は呪文や真言にあたるようなものですが、指でこの形を作るだけでいいのですからね。

北川　そうですね。〝光に至る動作的なキー〟のような気がします。

保江　はい。

〝光〟は眼ではなく魂で見る

北川　この〝光〟といわれているもの、記録されているものは、物理学的な「光」との関係性は、どうお考えですか。同一のものなのか、少し違うものというべきなのか。捉えどころが難しいと思います。

保江　シュタイナーという思想家がいて、僕は一時期ハマっていたのですが、彼がよく「光を見る」とか「あなたのオーラは今薄暗くなってる」とも書いていました。でもあるとき、彼のところに「自分はオーラが見えるんだ」という人が訪ねてきて、シュタイナーは「本当に見えるんですか。それなら精神病院に行ったほうがいいです」と答えたのです。「だって、あなたはオーラが見えてるんでしょう?」とその人がシュタイナーに尋ねたら、「いや、私の『見えている』という表現は、視覚で見えてるものではないのです。例えば『オーラが赤色だ』といっても、『人間が視覚で見て赤色に見えている』というわけではない」と。

北川 見えているわけではなく、感じているのだと。一種の共感覚といえそうですね。色彩としての赤ではなく、シンボルとしての赤なのかもしれません。私の師の一人であるヴラディミア・ヴァシリエフも、「殺気が起こると、相手の足元から黒いもやが立ち上るように見える」とか言うのですが、実際にビジュアルとしてそう見えているわけではないみたいです。

保江 その本人にとっては光として脳が感受している。でも本当に物理学的な光としてあったのかどうかというと、難しいところで。僕の臨死体験でいうと、２分30秒間、死んで地獄にいるようなときに、白い点がバーッと現れて大きくなって真っ白になった。そのときは苦しんで、目もほとんど開けてなかったわけだから、蛍光灯やＬＥＤから出ている本当の光が入ってきたわけではないと思うのです。

おそらく夢と共通の何か。夢だって非常にリアルな夢を見ることもあるし、脳か、あるいはそれ以外の何かのファクターが影響してるのでしょうが、結果として眩《まばゆ》いばかりの光に包まれてるように感じる。

北川　「光として表現せざるを得ない何か」という。

保江　そうです。何か温かさというか、荘厳さというか。まさに「霊性の光」です。それで不思議なのは、夢です。北川さん、夢の中に匂いというのはありますか？

北川　いや、あまりないですね。私は目と耳が悪いせいか鼻はそこそこ良いのですが、さすがに夢の中にまでは出てこないですね。

保江　そうなのです。ところが、人間の脳の構造としては、匂いだけが脳の中枢に直撃でいきます。お香を嗅ぎ分ける香道というものがありますよね。鼻の穴の奥のレセプターに匂いの分子が1個引っかかっただけでもわかるそうです。そういう研究もあるので、本当に量子物理学的な反応を、人間の脳が直接感受しているといえそうです。

北川　アロマテラピーとかはその代表ですね。鼻の奥にある嗅脳が本能を司る大脳辺縁系に直結しているため、無意識の領域に直接働きかけるという。

保江　分子レベルで、無意識下で感受できるのは匂いだけなのです。それぐらい人間にとって臭いというものが本質であるにもかかわらず、夢の中で僕自身は一度も臭いが出てきたことはありません。だから今、北川さんにもお聞きしたのですが、やはり同じですね。

ということは、人間の脳の一番奥底の、犬や爬虫類も持っている原始的な脳の部位にある臭いの中枢は、夢から外されてるわけですよね。でも、夢で予言的なことも見えたり、それこそ光体験を夢の中でした人もいる。だから、むしろ夢のほうが人間の本質をえぐるものだといえるのではないかと。フロイトの夢判断もそうですよね。

でも、そこになぜ、匂いという、最も動物的センス、感覚の鋭いものを排除してるのか？　というところから考えると、やっぱり「分子が飛んできた」とか、そういう物質的ではない部分が、我々の夢や意識、思考を生んでるのではないか、と思うわけです。何だかスピリチュアル系の表現になってしまいますが。

だから多分我々は、死んでも存在があるのではないでしょうか。それこそ3回死んだ木内さんみたいに。死んだら過去だろうが未来だろうがどこにでも飛んでいって、現にそれを知って戻ってきて、という。だから肉体がなくても存在してるもの。人間の魂というか霊魂、それが光。それが繋がってるものが光。それが存在する世界が光。光明ではないかなと。僕自身の考え方はそうですね。

その光明の部分に自分が繋がってることを活かせば、それほど修行しなくても簡単に自分の身を守れるのでは。それが一番ですね。

北川　信仰というのは、やはり生と死が関係してくるイメージがあると思います。肉体があっても存在してる光というものは、武術にも関係してる気がします。武術は元々生きるか死ぬかという瀬戸際で生まれたものなので、そういう生と死の狭間の光を、古《いにしえ》の武芸者たちは捉えていたのではないかと。

保江　トム・クルーズが主演したハリウッド映画『オール・ユー・ニード・イズ・キル』（2014、アメリカ）は、原作者が日本人（桜坂洋）で、何度も死ぬことを繰り返して強くなっていく兵士の物語でしたね。

北川　元々ライトノベルだったのが、『DEATH NOTE』や『バクマン』の小畑健さんにコミカライズされてたやつですね。日本のラノベがハリウッドで映画化されたと、当時はかなり話題になりました。

保江　宇宙人か宇宙怪獣的なものが地球を襲ってきて、それに対抗するために兵士が鍛えられて、その一人がトム・クルーズなんですが、あっという間にやられてしまいます。ところがなぜかトム・クルーズは一度やられたら、また最初から、自分が入隊する場面からもう1回スタートして、同じ経験をする。あのときここで砂地から怪獣が出てきたから、そこを避けて、今度出てきたのを撃ち殺して……でも今度またやられる。それを40回、50回、60回繰り返します。やられてはまたハイ、振り出しに戻るって。だんだん慣れていくから、何とか最後にうまくその怪獣のボスみたいなのを倒すところまではいくのですけど。

それを日本人が原作を作ってる。なぜそんなストーリーを考えたのかなと思ったときに、日本の武士ってハラキリ、あるいは真剣勝負で切られて死ぬことを誇りに思う感覚がある。つまり、死んだら転生して、また似たような人生、修行を積むことができるというふうに、特に武士は日頃から切磋琢磨して、何となく肌でわかってたのではないかなと。

その部分に焦点を当てた原作が『オール・ユー・ニード・イズ・キル』だから、僕も何回でもいつかの時点からやり直せるということがわかっていたら、何回でも死ぬ。その都度、あのときはこれで失敗したからこうしようとか。

それは武術・武道の、最もコアな部分に繋がっていて、しかも技だけでは到達できない部分ではないだろうか、と。

例えば、宗教の教えによって爆弾抱えて自爆テロを行う人たちがいます。彼らは「聖戦を戦ったら、天国に行って処女を七人与えられる」とかを信じているからできる。

北川　そうですね。

保江　僕らには、その死に方は無理ですよね。死んでからのことは、宗教でないと言えないから。

北川　そこを解明していくのが、宗教の働きだったりするわけですね。

科学は魂を解明できるのか

保江　話は少し変わって、もう締め切られたのですが、アメリカの公募が少し話題になっていました。アメリカにはロックフェラーのような、凄いお金持ちがいますよね。そういう中のお一人が財団を作って、全世界の物理学者にファンド、つまり研究資金を提供したい、ついては申し込みはいついつまでに、と。

そういうことはよくあるのです。例えば、火星に人間を住まわせるための研究とか、新しい電波望遠鏡を作るための研究とか。時々そういうのは出てきます。しかしその大金持ちは「死んだ後どうなるのか。それから死んだ人とどのように交信ができるか、それから死者をここに実体化させることができるか」という研究に資金を提供するという。

そのニュースが全世界に流れたようで、僕は見てなかったのですが、昔の同僚が「お前にぴったりだから応募したらどうだ」と言ってきて、その書類ももらったので見てみたら、内容はかなりマトモなんです。いい加減なスピリチュアル系の詐欺まがいのものではなくて、今まで凄く立派な研究とかにお金を出してきた、まともな財団。

でも、ついにそういうところまで来たのです。死後の研究、あるいは死者と交信する方法が。おそらくその財団を作った大金持ちの方が年を取ってきて、自分が間もなく死ぬことを実感したのではないかと。

北川 リアルになってきたから。

保江 そう。現実の問題として感じられるようになったから、一番気になるんですよね。でもこのファンドには応募をしませんでした。

北川 応募しなかったのですか。

保江 日本の研究者たちは本当に頭が固いから、そのような研究をしていたらダメなのですが、アメリカでは本当に超大金持ちが、死ぬまでに全財産をはたいて、こういう研究で成果を出してほしいという公募があります。それは面白い内容だったから、もう1回、同じ公募が出たら、応募を考えてみたいですね。空中歩行もしたことだし、楽団連れてきてボレロを演奏したら天国と交信できるかもしれません。

北川 トーマス・エジソンもニコラ・テスラも、晩年には死者と交信する装置を研究していたという話がありますね。当時は生理学など様々なものが電気・磁気で解明されてきていたから、人間の魂も同じように解明できるのではないか、と。

保江 アメリカではあり得る話ですよね。やはり巨万の富を成しても、自分が90歳ぐらいになって、もう間もなく死ぬとなると、何かしたいのでしょうね。多分、死んだらどうなるのかはっきりさせるとか、死んでからも自分の家族とか誰かに連絡したいとか、真剣に考えていたのだと思いますね。実際、方法がないわけではないと思うのです。

北川 お金と科学の力で何とかしようというのが、アメリカ的ですね。

保江 エジソンとテスラは、ある意味競い合っていたように描かれることが多いのですが、結局当時の電気の研究では、人間が死んでからの世界のことも当然考えていたのでしょうね。

北川 今は無理でも、いつか科学分野の研究と重なってくるかもしれませんね。

輪廻転生、人間の寿命、死後の復活について

北川 死後の世界ということでは、仏教などでは輪廻転生を説いていますね。

保江 一応キリスト教のカトリックでは、「輪廻転生はない」ということになっています。ただし、死んでも神の力で復活はあるのですね。「キリストが復活した」、それが唯一の教義ですから。

北川 だから本当は土葬なのですよね。

保江 そうそう、カトリックは土葬だそうです。だって蘇るというのが教義なのですから、焼いて

しまったらいけないので。

北川 オーソドックス(正教)もそうです。ミカエルが亡くなった後、現地の友達に頼んで、お葬式の様子を中継してもらいました。納棺は日本と同じような感じで、ミカエルが入った棺の蓋が閉じられて、釘打ちをして。その後が土葬で、そのまま棺桶ごと埋められていました。結構深く入れていたから「これで復活しても、出られないんじゃないの?」と思ったりしました(笑)。

保江 結構深く埋めるのですか。

北川 3メートルくらいあったと思います。浅いと野犬とかに掘り起こされますからね。

保江 リャブコ先生の葬儀はどうでしたか。

北川 葬儀の参列はタイミング的に無理だったので、日本でいう四十九日の法要に相当するパミンキという式が40日目にあって、そのときに行ったのです。ミカエルはもう完全に自分がいつ死ぬかということをわかっていました。そのタイミングに合わせて神父さんに来てもらって、亡くなる前の儀式みたいなのを全部ちゃんとやって、ちょうど終わったときに、スッて亡くなったそうです。

保江 いわゆる天寿という感じですか。何か具合が悪くなったとかではなく?

北川 元々ミカエルは、いろいろな持病があったのです。戦場で受けた砲弾の欠片が足に埋まっていて、それが度々化膿していましたし。丸々とした体型が印象的ですが、それも戦場での強度なストレスによるホルモン異常によるものと診断されたそうです。実際に、行動を共にしてもそれほど食べる量は多くなかったのです。それに加えて、亡くなる3年ぐらい前から癌になってしまって。

保江 そうですか。どこの癌ですか。

北川 腹水が溜まって亡くなったので、多分肝臓とかその辺だと思います。亡くなる前の月ぐらいから、腹水が凄く溜まるようになってしまい、抜くケアをすると聞きました。

本当は腹水は抜かないでおいたほうがいいのですよね。抜いてしまうと体のミネラルとか、そういう栄養が抜けすぎてしまうから、苦しくても抜かずにおいて、自然に吸収するのを待つ。それが治る見込みがある場合の治療なのだそうです。だけど抜くとなると、もう完全に緩和ケアになるんです。だから「抜いてる」と聞いた瞬間に、「長くないかも」と覚悟しました。そうしたら案の定、大体1ヶ月後ぐらいで亡くなりました。

ミカエルはもう本当にどのタイミングで自分が死ぬかってわかっていたから、そのタイミングで神父さんに来てもらって、家族と聖職者が見ているところでスッと亡くなったそうです。苦しそうな感じは全くなかったらしいです。

保江 凄いな。

北川 2023年の4月24日です。

保江 コロナはもうだいぶ落ち着いた後ですが、まだ日本とロシアの行き来は難しかったですか。

北川 コロナがようやく収まったかなと思ったら、今度は戦争が始まって、行き来できない状況が続いてしまいましたからね。でも、その40日目の式には、何とか渡航できました。

保江 あのときに、日本人でロシアに行けたのは凄いですよ。

北川 そのとき、日本のパスポートはやはり強いなと思いましたね。

保江 北川さんがリャブコ先生に、最後にお会いしたのはいつですか。

北川 ２０１９年ですね。そのときはモスクワで1回ミカエルに会って、そのあとラトビアの講習にも行きました。ミカエルが来たから僕もラトビアに行って、一緒にサウナに入ったりしましたが、そのときは全く普通でしたね。

そのあとコロナに罹って、1回結構ひどい症状になってしまったみたいです。元々、持病がいっぱいあって、特定の抗生剤にアレルギーがあって使える薬も制限されていたらしく、どんどん痩せていってしまったのです。

保江 それでも、オンライン・レッスンは続けられていたそうですね。

北川 もう本当に最後の最後の4月、亡くなる月の初めまで、病室からオンラインで教えてくれました。その間もどんどん痩せこけていったのですけど。２０１９年は最後に来日した年でもあります。このとき、ミカエルが初めて娘と孫を連れて日本に来たのです。セミナー日程が誕生日と重なってしまったので、日本で誕生日祝いをしたりして。

あとでミカエルをよく知るロシア人から、「ミカエルが誕生日に地元を離れるなんて考えられない。それだけ日本への思い入れが強かったのだろう」と言われました。もしかしたら「日本に来るのもこれが最後かもしれない」と、察していたのではないかと思ってしまいます。

Chapter 3

キリスト教に密かに伝わっていた武術とは

雲間から射す光に導かれた、キリストの活人術との出会い

北川　保江先生が、カトリックに伝わる活人術を教わったという、神父様の話も興味深いです。改めて詳しくお願いできますか。

保江　そもそもの出会いは、僕が昔、岡山の女子大に勤め始めて2年目ぐらいだったと思いますが、当時の学長だったシスター、渡辺和子さんから「尼崎の英知大学に何年か非常勤で教えにいってほしい」と言われて、僕も「ずっと岡山でくすぶってるより、たまには大阪方面に週に1回出ていくのもいいな」と思ってお引き受けしたのです。

英知大学は兵庫県尼崎市にあった、カトリックの中で実は一番、位《くらい》の高い大学なのです。日本では全然そんなふうに思われていませんが、例えば上智大学はイエズス会という宗派が運営しています。そこは神学科があるので、神父さんになりたい人は英知大学の神学科か、上智大学の神学科に行くのです。でも英知大学はカトリック教団が直接運営しているから、上智大学よりずっと上の位なのです。

ただ、カトリックの中での扱いは直属でも、規模的には小さな大学でしたし、途中で聖トマス大

学という名前になった後、２０１５年に閉学になりました。カトリックでいくら位が高くても、一般の日本人には全然わからないから、学生が集まらなかったのですね。

そこに行ってたときに、僕の助手を現地でしてくれる人を一人つけてくださいと頼んだら、理科系の人がほとんどいなくて。でも一人、元陸上自衛官で理科系に強い、江田島の幹部候補生学校にまでいった人がいるというので、彼に助手になってもらいました。それで、毎回授業の後は彼とお酒を飲んで岡山に帰っていたのです。

聞いてみると彼はカトリック信者で、しかもその英知大学の神学科を出て、神父になる予定だったといいます。彼は英知大学を出た後、陸上自衛隊の幹部候補生学校に入って、そこを無事卒業して陸上自衛隊の三等陸尉、昔でいう少尉になって北海道で勤務していました。そうしたら地雷の除去訓練中に爆発して、３ヶ月間寝たきりになって。でも回復したので続けようと思ったら、お母さんが来て、泣きながら「もう除隊してくれ、命がいくつあっても足りないから」と言われて、結局母校の英知大学の事務員をしていたそうです。

飲みながら他にもいろいろな話をしていたら、キリスト教の奇跡の話を聞きました。ルルドの奇跡とかファティマの奇跡とかも、いろいろと教えてくれました。そして彼は「夏休みに入るといつも、広島の山奥に行くんです」と言う。なぜかと聞いたら、「そこに凄いスペイン人の神父様がいらっしゃるんです」と。どう凄いのかと聞いたら、「もちろん祈りの力も凄くて、癌の患者を蘇らせたりと

スペイン・カタルーニャ州の山の中腹にあるモンセラート修道院。

かなさるんですが、一番凄いのはキリストから伝わってる凄い武術の達人なんです」と。そんなものあるわけないでしょうと言ったら、詳しく教えてくれました。

スペインのモンセラート修道院というのが、モンセラートというノコギリ山の中腹にあって、そこではグレゴリオ聖歌で修行するか、そのキリストの活人術で修行するか、二通りあったそうです。しかし今やほとんどの修行僧がグレゴリオ聖歌で修行して、そのエスタニスラウ神父様と同期のマルコ神父様だけが活人術をやっていた。それも修道院の中ではやらずに、ノコギリ山の上のほうで二人だけでやってる。当時、修道院長も詳しくは知らない状態だったそうです。

北川　そのキリストの活人術の、凄いエピソードもあるそうですね。

保江　あるとき、スペイン陸軍のレンジャー部隊の人たちがノコギリ山で訓練して、休憩時間にみんなで輪になっていたら、近くで物乞いみたいな二人が組み合って、バタンバタンやっているのが目に入りました。レンジャー部隊だから当然、腕に覚えがあるから、みんなでからかってやろうぜって言って、20人ぐらいで取り囲んだ。そうしたら20人の精鋭のレンジャー部隊が全員、数分間で倒されてしまって。ちょうどそのときに隊長がやってきて「お前ら何やってんだ」と言って止めたのです。訓練が終わってから、隊長が修道院長に挨拶に行き、「裏山に変な物乞いが二人いて、やけに強くて、うちの隊員全部倒されたんだけど、何だあれは」と。

「うちの裏山に物乞いなんかいないけど、そんな物乞いみたいな格好して二人、というと、マルコ神父とエスタニスラウ神父が活人術の修行してるはずです」と言って写真を見せたら、隊長は「あ、こいつらだ」と。

修道院長は、「彼らは人間を投げ倒すようなことをやってるのですか？」と聞き返したぐらいだから、何をやってるのかも知らなかったそうです。それをずっと代々、修道士の間で伝え

手に小鳥を乗せているエスタニスラウ神父。

ていたわけです。

北川　スペインの山奥で秘密裏に伝えられていた活人術の伝承者が、なぜ日本の広島に来ていたのでしょうか。

保江　それはエスタニスラウ神父様の夢枕にキリストが現れて、ハポンに行け、つまり日本に行けとおっしゃったからです。最初は五島列島に来て、掘っ立て小屋を建てて貝を採って食べて生活していました。そこでは蚊に刺されて大変だったそうです。そのうち広島の山奥にやってきて、活動していらっしゃった。

僕は当時、そこまで話を聞いて、やおら会いたくなった。ちょうどその頃、東京から岡山に引き上げていて、佐川幸義先生の道場（東京都小平市にあった）には稽古に行けないと思っていたから、その代わりというわけではないけど、訪ねたいと思ったのです。それで、その助手の人に、「では、夏休みにその神父さんのところに行くなら、保江邦夫が会いたいと言ってた、と伝えてくれる？」と言いました。そうしたら、秋の授業が始まったときに「断られました」と。

北川　あれ、断られたのですか。

保江　はい。なぜかと聞いたら、いや「神父様は物理学者とは話が合わないから、会いたくないとおっしゃったんです」と。そのときは僕も仕方ないと思って諦めました。

でも、年が変わって正月3日の日に、朝起きて顔洗った瞬間になぜか、「今日は神父様に会わなければいけない」と思ったのです。でも、名前も住所も知らなかったし、そもそも広島方面には土地勘もありませんでした。だから車で広島のほうに行って、途中で、時々仕事で広島に行ってる高校のときの同級生の家まで行って「助手席に乗ってくれ」と言って、二人で行きました。

道中、「こういう人に会いに行くのだけど、住所も名前も知らない」と言ったら、その同級生が「キリスト教のそんな凄い方なら、何かのお印で君を導いてくれてるはずだから」と言った。

その日は曇天で、ずっと一面雲なんだけど、1ヶ所だけ雲から光がずっと筋のように射していました。彼はそれを見つけて「あそこに行けよ」と。光が射してるところ。無茶な話ですけど、それ以外に頼りになるものもないから、とりあえず彼が言うように光の射すところに行った。そこでキョロキョロしていたら、別のところにまた光が射していたから「あっちだ」と。

それを4回やって、ついにもうどこにも光が射さなくなったら、彼は「ここだ」と言うのです。僕は「そんなアホな」と思いながら、その辺で車を洗ってる人に聞いてみたら、「親父が役場に勤めてるから、呼んでみます」と。それで来てもらった親父さんに「何か、スペイン人の神父さんがこの辺で暮らしてるらしいんですが」と言ったら「そこだよ」と教えてくれたのです。

北川　凄い体験ですね。というか、その同級生の人も凄いですよ。何かをやってる方なのですか？

保江　北村君といいますが、彼も凄いですよね。彼がそう言わなかったら、会えていませんから。でも別に宗教家とかではなくて、普通の人です。

保江　到着して、出てこられた神父様は、キリストが今生きてたらこんな人だったに違いないという雰囲気でした。そのとき、僕も北村君も、思わず庭の土の上で土下座していました。それぐらい神々しかったのです。

神父様は古い農家を借りて住んでいらっしゃって、その農家の居間で電気ごたつに足を突っ込んで、いろいろな話を伺いました。

1月3日ですから真冬なのに、窓を全部開け放って、暖房は電気ごたつだけなのに、暖かい。曇天の日で光がなかったはずなのに、その庭だけずっと日が射していました。もう本当に、とにかく会うだけで凄いと思えて、もう一度お会いするなんて発想もなかったから、僕はお名前も住所も聞かずに「失礼します」と言って、二人で辞去しました。

北川　でも、もう一度お会いできたのですよね。

保江　はい。2回目は、うちの下の娘が中学生になった頃です。娘は髪を真っ赤に染めていて、親としてしょっちゅう職員室に呼ばれていました。歩いてる先生に足をピッと引っかけて転ばせたりしていましたから。でもその理由は、友達のことをその先生がいじめてたからだと本人は言うのです。このままではいけないけど、僕が何か言ってもダメだし、「そうだ、あの隠遁者様、神父様に会わせたら、いいんじゃないか」と思って、連れていくことにしたのです。

ただ、乗り物酔いが激しい子だったから、岡山から車じゃ無理なので三原まで新幹線で行って、三原からレンタカーを借りて、前回とは別ルートで行ったんです。そうしたら道を思い出せないわけですよ。山の中のどこだったか?と。

保江 土地勘のないところで別ルートは、迷いますよね。

北川 そうしてウロウロしていると後ろの座席で娘が酔いそうになっているので「次の峠越えたらもう諦めて帰るか」と思っていたときです。晴れの夏の日だったのに、にわかにかき曇って、雷が鳴って土砂降り。もう前が見えないので、危ないと思って路肩に停めて待つことにしました。

そうしたら15分ぐらいで雨が止んで、後ろの座席で窓を開けて、娘が「あそこに変な外国人が2階から手を振ってるよ」と言うのです。「えっ?」と思って見たら、神父様がいらっしゃる。その古い農家の前で停められてたのです。雷と土砂降りのおかげで。

それで、神父様のところまで歩いていくときに「すみません、また来てしまいました」と言ったら「いや、来られるのはわかっていましたから、いいですよ」と言って、初めて2階に上げてくださった。

そこで何を話したかは覚えていないので、僕としては「そのまま帰ったんだよな」と思っていました。その後ずっと、二、三十年の間。

北川 はい。

「隠遁者様」と呼ばれた晩年のエスタニスラウ神父。

記憶の封印、冠光寺眞法への扉

保江　それから、エスタニスラウ神父様がスペインに戻って、亡くなられたという話を聞いたのは、僕の手術の直前でした。

手術前、僕はエスタニスラウ神父様に電話しようと思った。スペインにいても電話で僕の癌を治してもらえるとも信じていたから。それで連絡先を聞こうと思って、知ってるシスターに聞いたら「ついこの前、お亡くなりになりました」と。

そうして仕方なく手術を受けたのですが、手術中に地獄の中で光が助けてくれる体験をして、ふっと思い出したのです。

神父様の住んでいた家の、２階に招かれて、急な階段を上った記憶が蘇ってきて「……あれ？」と思って、娘に電話してみた。「一緒に行ったときに、神父様の居室の２階の部屋に入ったっけ？」と。娘は「入ったよ」と気軽に答えるのです。「俺は何をしてた？　神父様と話してた？」と聞きました。娘に言わせると英語で（神父様は英語は喋れないため、実際はフランス語だったと思われる）二人して真剣に話をして、そのうち、ふっと神父様が立ち上がって僕の後ろまで来て、何か手を動かしたりしておられたと。

その後にお茶をいただいて、40～50分ぐらいいた、というのです。僕にはその記憶が全くなかった。２階の居室に入ったことも忘れていた。それを聞いて僕も思い出してきたから、一体何をしたんだろうと思って。

それを英知大学の助手に話したら、彼は「いや、神父様は自分の居室にどなたも入れたことはないのです」と驚いていました。彼ですら入ったことがないと。

北川　それは何だったのでしょうか。

保江　キリスト教神学科で学ぶいろいろな教育や技術の作法があるのですが、その中に、大事なことを伝えるときは、そのとき教えたことをすぐ忘れさせるという技術がある。それをやったのではないでしょうか？　だから覚えてなかったんだと彼は言うのです。居室に入ったことすらね。

そのやり方をなぜ採るのかというと、キリスト教のその神父様たちの中では「本当の知識は論理的に理屈で伝えただけでは伝わらない。かといって、それをやらないと、もっと伝えにくいから、まずは言葉で説明しておいて、それを封じ込めるために忘れさせる。そうすると「脳の中というか気持ちの中で熟成していって、あるとき、その人にとって必要になったときに、その知恵は出てくる」、そういうやり方があるというのです。

「だからきっと神父様は保江先生に、そのとき何か大切なことを伝えて、忘れさせていた。その知識はきっと、そのうち出てきますよ」と彼は言うから、僕は「ああ、うーん……」と思って、またしばらくそのことも忘れていました。

北川　手術時の体験だけでは、まだ封印された記憶の存在が見えただけで、本体は出てこなかったのですね。

保江　その当時、僕は女子大で授業をやっていて、昔から合気道をやってましたから合気道部の顧問もやらされていました。だから女子大生とだけいつも稽古していましたが、ある日から技の質が変化してきたのです。それまでは、女子大生といえども本気で来られたら、そう簡単には持ち上げたり倒したりできなかった。ところがあるとき、簡単にできるようになって、しかも倒された側が「気持ちいい〜」とか言い出すようになったのです。

僕は「あれ、何か雰囲気が違うな」と思うようになった。そうして稽古を続けていく中で、「これはひょっとして、佐川先生の合気のようなことができるようになったのではないかな?」と思って、少し試してみることにしました。

「でも、普通の人を相手に試しても意味がない。やっぱり一流の武道家を倒せたら本物だろう」と考えました。その頃にもう親交があった少林寺拳法の達人に「ちょっと悪いけど、今日、1時間ぐらい空いてる?」と電話したら「どうぞ今来てください」と言われたので、四国の多度津にある総本山まで電車で行って、「悪いけど、ちょっと人払いして稽古させてくれない?」と頼んだら、「いいですよ」と快諾してくれました。それで、やってみたのです。

北川　やはり、ガチの人を相手にして検証しないとダメですよね。

保江　はい。それまでは全然倒せない相手だったのですが、その日は簡単にポテンと倒れて。僕が驚くよりも彼が驚きましたね。今までそんなに強くなかった僕が、そんなことができたわけですから。彼が俄然興味を持って「何があったんですか!? 何をやったんですか!?」と聞かれるのですが、僕も答えようがない。

でも、真剣に聞いてくるから、僕も必死に説明しようとしました。そのとき、娘と行ったときに神父様が僕に授けてくれた場面が、ふと蘇ってきました。「ああ、これはあのとき、神父様が教えてくれた、『汝の敵を愛せよ』という教えだ」と理解できました。

だからそのとき、「いや、僕は愛しただけですよ」と答えました。ちょうど、そこは少林寺拳法の道場ですから、『力愛不二』と書かれた扁額が掲げられていました。つまり開祖の初代・宗道臣先生が「力と愛は同じものである」とおっしゃっているわけですから、彼は受け入れてくれました。他の道場で「愛すれば効く」なんて言っても「そんな馬鹿な」って言われるだけだと思います。その後もほぼ毎月、互いの拠点を行き来しながら、愛の技の研究をしていきました。

北川　「今日はいける」と思ったキッカケはあったのですか。

保江　女子大生の倒れ方が今までと全然違う、と感じたからですね。

今までは僕が必死で技をかけてました。華奢な女子大生の肘を決めてグイッとやると「痛い痛い。

先生痛ぃよ」と言いますよね。それが変わって、「痛い」と言わなくなり、僕も必死でかけるのではなく、簡単にポテンとできる。相手も「気持ちいい〜」と言うから、何だこれは?となりました。

でも、女子大生が相手なら当然力の差があるから（軽い力で技がかかる）。そこで、誰か友達の男で試すことも考えたのですが、素人の男を倒せても、まだそれだとはっきりしない。

ここは本物の達人を倒せたら少しは効果があったといえるかな、と。そういう考えで頼める人が彼しかいなかったから行ったのです。

北川　それは2回目に神父様と会われた後から、どれぐらい後ですか。

保江　神父様と2回目にお会いしたのが今から29年前（１９９５年）で、そこから10年ぐらい後（２００５年）でしたね。ちなみに、1回目にお会いしたのは、その23年前（１９８２年）です。

北川　２回目にお会いしたとき、神父様は何歳ぐらいだったのですか。

保江　80代でしたね。もう痩せ細ったご老人でした。手に小鳥が乗っている写真(79頁写真)はもっと若い頃です。

北川　お会いした頃は、もう一枚の写真（83頁写真）に近い頃ですか。

保江　そうです。イエス・キリストみたいな方でしょう。

北川　キリスト教の活人術は、モンセラート修道院以外でも伝えられているのでしょうか。

保江　キリスト教の活人術をスペイン語で「コムニタ」といいますが、カトリックの世界ではモンセラートのみになっていました。昔はもっとたくさんの修道士がやっていたらしいのですが、その時期はもう二人だけだったそうです。

北川　前に少し伺いましたが、かなり軍事的で実戦的な術だそうですね。

保江　そのモンセラート修道院がある地区はカタルーニャ地方で、独立運動を未だにやっていますし、以前は本当に撃ち合いの内戦をやっていた土地なのです。隠遁者の神父様はそのときに独立派で、みんなと一緒に戦ったのです。だから、機関銃を持ってる相手を素手で倒していくのです。もう命がけだから、リャブコ先生に通じるところがあります。単に道場だけで細々とやってる方々ではないのですよ。

北川　そうですね。

保江　そこから、さらに面白い話があります。

最初、僕は女子大生だけを相手にやっていましたが、そのうち噂で、日本中から訪ねてくるような人が増えました。その中にフルコンタクト空手の人がいて、もう端《はな》から「そんなバカなことができるわけないだろう」という感じで来て、もう仕方ないから、本当に負けるつもりで、ボコボコにされる覚悟でやりました。

彼も、「弟子の前でやられたら顔が潰れるだろうから、弟子がいない日、練習日以外の日に行ってやる」と言うので、女子大生も誰もいない日に来ました。誰もいないといっても、柔道場の隣の半面の剣道場では、ご高齢の方々が太極拳の練習をしてましたが、その柔道場では1対1でした。ボコボコにされると思ったのですが、なぜかわからないまま彼を倒していたのです。何回も。だから彼もビックリして、その後は一緒に飲みに行って、結局入門してくれました。

その彼は、昔から神戸に住んでいました。大学受験のときだから高校3年の夏、暑い中で「ちょっと気分転換に」とテレビをつけたら、トルコのカッパドキアみたいな岩山で、少林寺の僧侶みたいな服装をした二人の外国人が柔道みたいなことをやってる映像が流れていた、と言うのです。

本来なら番組と番組の間で、テレビコマーシャルを流す時間なのですが、関西エリアで放送されている小さなサンテレビという局のチャンネルだったので、あまりコマーシャルのネタもないので、外国の風景とかを流していたのでしょうね。

彼は絵心もあるので、そのとき「カッパドキアみたいな岩山」と思った風景を描いてもらったら、まさにノコギリ山。そう、モンセラートだったのです。それを言ったら、「じゃあ私は、その神父様がモンセラート修道院の上で稽古なさってるのを高校生のときに見たわけですね！」と、とても喜んでくれました。

北川　映像があったのですね。今もどこかで見られるといいのですが。

保江　僕もビックリしました。こんなふうにうまく繋がるものだと。この前のオッペンハイマーの映画を観に行ったら空中歩行までしたように、何だかうまく回してもらえてる感じがします。

もし、ただランダムに人間の社会が動いていくならあり得ないような繋がりが、ボコボコと出てくるのです。特に一度、2分30秒間死んでから、そういう機会が増えてきましたね。

天寿と人生の宿題

北川 その空手家は、氣空術を創始された畑村洋数（1952〜2023）さんですか？

保江 いいえ、畑村さんの前に入門した方で、空手出身で柔術もやっていた炭粉《すみこ》良三（1956〜2019）さんです。炭粉良三はペンネームで、本も随分出していました。極真会館から独立した東孝《あずまたかし》（1949〜2021）さんの大道塾出身でした。でも、亡くなられました。彼の後に入門した畑村さんも亡くなったのですよ。

北川 そうですよね、畑村さんと炭粉さん、お二人とも。

保江 リャブコ先生も若くして亡くなられましたよね。それなりの歳ではあるけど、僕（1951年生まれ）よりも若いのですから。

北川 61歳でしたからね。

保江　何だか少し僕は心配になっているのです。普通ならできないこと、つまり体力とか筋力ではない、技でもない部分を操ることができるようになって、それを広めていったら、やはり本来の人間、普通の人間の存在の範囲は当然超えたことをするから、寿命を削ってるのかな、と。

僕がまだそんなに死ぬ雰囲気がないのは、広めようとも思っていないからかな、とも思えて。僕は自分で、こんな面白いことがあって、こんなこともできるのだとわかればいいだけだから。広めようと思ってないので、まだ生きてるのかなと。

リャブコ先生がそれほど長生きではなかったことについては、どう思いますか。

北川　まあ、ロシア人の平均寿命より少し短いぐらいですね。

保江　それから、野口晴哉先生も。

北川　あの方は64歳ぐらいですね。

保江　だって人を一瞬で治すあの方が、なぜ60と少しで亡くなったのか。だから、そういう凄いことを、普通の人が持ち得ない力を得た人たちは、60代ぐらいで逝ってしまうのかな?と、何となく思っているのです。

北川　お迎えが早く来てしまう、ということですか。

保江　そう。楽団を連れて、天使とかが来て。

北川　この世の中でやるべきことを終えた、という感じなのでしょうか。

保江　なるほど。彼らがこの世の中に出てきた宿命、お役目を全部果たした、と。なるほど、だから僕は宿題を果たしていないから大丈夫なのかな。

北川　いや、先生は宿題が多いのかもしれませんよ。

保江　宿題は果たさないほうがいいのではないかと。

北川　いやいや（笑）。

保江　そうか。少し安心しました。僕はあの二人にはだいぶ責任を感じていたのです。うちに来て、僕がこんな変なやり方を伝えて。それで、それぞれが頑張ってくれたおかげで彼らは早死にしたと、さっきまでそう思ってましたから。

北川　ある意味、霊的な進化みたいなものが凄い勢いで加速してしまって、肉体が耐えられなくなってしまった……みたいなことがあるのかもしれませんね。私の古い知り合いにもそういう人がいます。ある行法に縁があってのめり込んで、凄い勢いで能力を開花させたのですが、あるときポックリと亡くなってしまいました。

保江　それはあると思いますね。リャブコ先生の場合は、ロシア人の平均寿命が日本人と比べたらだいぶ短いという面もありますよね。ロシアでは平均60代でしたか。

北川　はい。ロシア人男性の平均寿命は68歳ぐらい（2019年、WHOのデータで68・18歳）なので、向こうの感覚を日本人（男性平均81・09歳）でいうと、75歳ぐらいで亡くなったぐらいの感じですから、「まあ、少し早いかな」というぐらいではあるのです。システマ歴も長くなると、練習してた仲間が何人も亡くなったりして、日本人は寿命長いんだなと思いますよね。でも、その隠遁者様は80いくつまで生きられたのですよね。

保江　はい。80代までずっと隠遁生活でした。

アルテミス＝マリアの愛の秘術、冠光寺眞法

北川　神父様は広島に移る前に、五島列島に住んでいらした理由は何でしょうか。

保江　夢の中のキリストは詳しいことはおっしゃらず、とにかく日本に行けということだったので、まずは日本と縁の深いイエズス会に聞きに行ったそうです。

北川　イエズス会はキリスト教を日本に伝えたスペイン人、フランシスコ・ザビエルが所属していましたからね。

保江　それで、「実はキリストが枕元に立って、日本に行って光の十字架を立てろと言われた。日本のどこだろうか」と聞いたら、その中の何人かが、「五島列島はたくさんのキリスト教の信者がずっ

と代々いて、その中の小さな無人島に、自然石で、しかも自然にできた鳥居がある。そこに方位磁石を持っていくと、くるくる回り始める。そこではないか」と言うのです。

　最初はその無人島に行って、掘っ立て小屋を作って、海で貝を採って食べる生活をしていました。でも、ずっとスペインの山の上にいた方だから、蚊の存在を知らなかったそうです。

北川　蚊は熱帯の虫ですからね。

保江　蚊がプ～ンと来て夜な夜な刺す。虫を殺すこともなさらないから、最初は蚊に刺されまくって酷かったそうです。その後、地元の人たちが可哀そうだといって蚊取り線香をくれて、それをつけるようになった。でもしばらくして結局「キリストに夢の中で言われたのはここではない」と直感して、今度は広島の山奥に行って、そこでまた暮らし始めた。

北川　何か感じるところがあったのですね。

保江　最初、五島列島の島民は西洋の物乞いが来たと思って、みすぼらしい姿だから相手にもしてなかったのですね。でも、モンセラート修道院の凄い神父様が来られてるということを聞いた東京の立派な日本人の神父様たちが取っ替え引っ替え挨拶に来るようになって。それで島民も偉い人だと知って、教会を急遽立てて「ここにお住みください」と。そうしたら神父様は、「いや、この教会はまもなく跡形もなく倒れます。私は別の場所に移動します」と言って、広島に行ったそうです。

その1、2ヶ月後に台風直撃で、教会は潰れてしまいました。

五島列島の教会跡地に残されていた十字架を譲り受けた。

後に僕もその教会跡を訪ねました。木造の教会で、台風で壊れてから20年以上経っていたので、コンクリートの基礎以外は全部潰れて腐ってしまっていたのですが、てっぺんにあった十字架だけが残って、ポンと落ちていました。十字架は木の十字架の全体に銅板を貼ってあったから腐らなかったわけです。

ちょうどそのときに長崎の市役所の人も一緒に案内役で来ていたんです。彼に

「そういうご縁もあるし、このまま朽ち果てるよりは、どうぞお持ちいただいてご活用ください」

と言われて、持って帰ってきました。

北川 持って帰ってきたのですか？

保江 ご覧になりますか。ここのベランダにありますので、カーテンを開けますね。

北川 おお凄い。結構大きいですね。これを持ち帰ったのですか。結構大変だったのではないですか？

保江　無人島の丘の上だったので、そこから下ろして船に積んで、次は車に積んで。でも幸い、僕の門人で元自衛官の人が、鳥取から五島列島まで軽トラで来てたので、積んでもらって運びました。

北川　それで、台座を用意してこちらに安置したのですね。これは大変貴重なものを拝見しました。ところで、その活人術を、保江先生以外に学ばれた方はいるのですか。

保江　いません。

北川　ということは、貴重な伝承者ですね。それを今、冠光寺眞法として教えていらっしゃるわけですね。その冠光寺眞法と冠光寺流柔術の違いは何でしょうか。

保江　要するに、愛することで、その人の状態が変わる。それを使って相手を倒すとか、攻撃してこないように動けないようにするとか、そちらを一応、冠光寺流柔術という名前をつけています。

北川　冠光寺眞法は、概念的なものがわりと主なのでしょうか。

保江　いえ、概念的なものではなくて、本当に技として成り立つものです。だから、畑村さんはそっちを気に入ってくれて、介護の場面でも愛すれば簡単に体を上げ起こせる合気起こしとかに活用していました。

北川　愛の魂ですね。

保江　そうです。それが要するに、魂を愛で包むというもので、それら全てを冠光寺眞法と名付けました。

冠光寺は「冠の光の寺」と書きます。この「冠の光」は、先ほども話に出た光明です。マリア信仰はアルテミス信仰ですから、すなわち光明。カトリックの世界ではマリア様を描くときだけ、頭部に光る冠を掛けます。光明の印です。この光る冠はキリストにも描かれません。

冠光寺の「寺」は修道会という意味です。それで、元々は神父様の修道会で伝えてきたマリア様の秘術、ということで「冠光寺」という名前にしました。

北川　マリア様の秘術なのですね。

保江　そうです。実はモンセラート修道院はカトリックの中でもマリア信仰。しかも、黒いマリア像が伝えられています。

モンセラート修道院に行くと、キリストを抱いてる小さな石造りのマリア像がありますが、黒いのです。つまり黒人に描かれているのですが、表向きは「黒人という意味ではなくて……云々」ということには、なっています。

北川　元々エジプト系ですからね。だから、マリア様が白人というのは、ヨーロッパにおける改変かもしれませんね。

保江　マリア信仰は、ロシア正教では強いのでしょうか。

北川　やはり大切な存在ですから、マリア様が描かれているイコンもたくさんあります。日本正教会では「聖母」ではなく聖ニコライが訳した「生神女」という訳が採用されていますね。マリアの誕生や永眠を記憶するセレモニーも行われます。

時が満ちて受けた、ロシア正教の洗礼

保江 僕はカトリックの洗礼は受けていないのですが、北川さんはロシア正教の洗礼を受けられたのですよね。

北川 はい。私は洗礼から逃げ回っていたのですが（笑）。

保江 そうだったのですか。

北川 ミカエルに何遍も「やりなさい」と言われていたのです。でも何だか「システマを理解するために」とか「ミカエルに近づけるように」という理由でやるのは邪道だな、と思っていて。

保江 素晴らしい。その考え方は立派だと思います。

北川 それで「もう逃れられないタイミングが来たらやろう」と思っていたのです。そうしていたら、先にうちの奥さんのアヤ（北川文）が受けたいと言い出して。ちょうど子供も生まれた時期だったし、自分的にも「そろそろかな」という気分に急に切り替わって。

それでミカエルに「受けます」と言って、ミカエルを信仰上のお父さんということにして。その洗礼を受けるときには、身元引き受け人としてのお父さんとお母さん（代父母）が必要なのです。

保江　リャブコ先生がお父さん（代父）とは、凄いですね。

北川　だから私は、クリスチャン的な家系でいうとミカエルの息子になります。他にも日本人で何人かいます。まあ私は、信者としてはもの凄く不真面目なのですが。

保江　いやいや。でも、リャブコ先生も大阪のときに教えてくれましたけれど、システマの本当の大事な部分は、ロシア正教に入信していないと教えられないのだと。だから、ちょうどよかったのですよ。

北川　そうかもしれないですね。別に信者だけを集めて何か特別なことを教わるようなことはないのですが、教会とかキリスト教というものに対して自分がオープンになると、〝ミカエルから受け取るものが変わる〟という感じがあります。

保江　「受け取るものが変わる」とは、いい表現ですね。

北川　だから、ミカエルが「お前は信者だから特別にこれを教えてやる」ということはありません。何だか受け取り方が変わるのですよね。

おそらく私が主宰するシステマ東京は、他のグループとは少し毛色の違う活動になっています。特に宗教的なことを教えるとか、正教会に勧誘したりとかはもちろんやりません。でも私は結構、「洗礼を受けるなら、しっかりと勉強しよう」という感じで、本を読んだりしてるから、やはり変わってくるのですよね。

受け取るものが変わるから、伝えることも変わる。「教えてもらう内容はそれほど変わらないけど、受け取り方と、こちらに残るものは変わった」という感じですね。「人間は本来、完璧である」という前提でワークを組み立てたりするのは、私のところくらいかもしれません。普通は、自分自身に技とか身体技法を付け足す方向で教えますからね。

保江 それは羨ましい。

北川 でもやっぱり、先ほど保江先生が隠遁者様から受け取った「愛なんだ」という教えは、私も凄く共感します。

また、システマの非常に画期的なところだと思うのは、「相手を、敵を癒してしまう」という面です。それを実際どういうふうにやるのかをミカエルが教えてるのだろうな、と思っていて、そういったところが結構私の中で深く腑に落ちている感じはします。

保江 やはり絶対にそうなのですよ。敵を癒すなんて、もうキリストの技ですよ。

北川 そうですね。それを実際にできるようにさせてくれるのは凄いなと。

「誰もが人知を超えた存在の下である」という謙虚さ

北川　日本人に馴染み深い宗教といえば、やはり仏教や神道がメインですよね。結婚式をキリスト教のスタイルで挙げても、別に信者になるわけではなくて、初詣は神社仏閣に行って、願い事は神社、お墓はお寺というのが普通です。西欧文化の一部としてキリスト教の表層には触れることが多くても、深いところに触れる機会は少ないと思います。

保江　日本ではそうですね。特に女性はミッション系の大学とかチャペル挙式とかへの憧れは強いですよね。やはり華やかですから。

北川　キリスト教に関していうと、僕がキリスト教に関連するシステマをやっているのもあって、うちの子はプロテスタント系の幼稚園に行かせたのです。最近は安全とか雨対策とかで園庭を舗装しているところが多いのですが、そこは今時珍しく、園庭が土のままだったのです。そういったところもいいなと思いました。

やはり、宗派は違ってもキリスト教系の教育では、先生たちも「人間の上に超越した存在がいる」という前提でいます。

学校の先生は、ずっと人に教える立場をやっているので、だんだんと「自分が偉い」感覚になって、少し傲慢になりがちですよね。だけどその幼稚園の先生たちは「自分たちの上に神様がいる」ということで毎日礼拝しているわけです。そうすると、園の雰囲気が全然違います。

その後、公立の小学校に行かせたときに、やはり全然違うなと感じました。「そうか、『人間がてっぺんにいる』という概念の中で育つか、『神様が上にいる』という観念で育つかで、教える人たちの態度がこんなに変わるのか」と実感しました。

保江　そうなのですね。

北川　それでまた、やはり「上に神様がいるという環境」はいいなと思って、中学・高校はキリスト教系のところに行かせました。すると、幼稚園のときと同じで、「どんなに先生が偉くても、その上に超越的な存在がある」という前提で先生たちが接するから、謙虚さというか、「神様から今、子供たちを預かってる」という態度があるわけですよね。

保江　なるほどね。

北川　そういう、教える人の立場というか、態度の違いは感じますね。仏教系の幼稚園とかだと、どうなのでしょうかね。「はるか上」ではなく「どこにでも神様・仏様がいる」という観念なのかとは思いますが。

保江　おそらくキリスト教信者の「神は絶対」という観念は、僕が想像する以上ですから、やはり日頃の生活態度を律するのにもいいと思います。

北川　一方で、ミカエルの話を聞いてると、その神様との関係は結構フランクだったりもするのです。「祈るってのはどういうことなのか」と聞くと、「例えば、自分の子供が助けを求めて泣いてるとするだろう。そうしたら、お父さんは助けてくれるじゃないか。同じだよ。だから何か困ったことがあったら『お父さん助けて』と言えばいいんだよ。上に」と。

保江　いいですね、それ。

北川　はい。だからミカエルと話してて面白いなと思ったのは、神様との心理的距離が非常に近いのですよね。

保江　なるほどね。いや、今のもほっとする言葉ですね。「助けて」と言えばいいわけですね。

北川　「子供が、どんな悪戯《いたずら》をしても、お父さんは何だかんだ言っても許してくれるだろう。神様もそうなんだよ」と。

保江　いや、なかなか言える言葉ではない。そうですよね。リャブコ先生は、やはり相当な修羅場をくぐった体験から、その考えを得られたのでしょうね。

北川　ミカエルは本当に、その助けがなかったらもう死んでたという場面が結構あったみたいです。

　私はまだ本には書いていないと思うのですが、ミカエルがとある戦場で追い詰められたことがあるのです。もう弾丸が尽きて手元にナイフしかない。そこで相手が銃を突きつけてきて、もう今にも死ぬという状況。そんなときに、パッと閃いてナイフを落として、それを蹴っ飛ばした。そうしたらそのナイフがうまいこと相手の喉にスコンと刺さって、助かったというのです。

保江　ああ、凄い！

北川　本人も「なぜ自分がそんなことをしたのか全くわからない。後で『これは使える』と思って練習したけれど、もう二度と同じことはできなかった」と言っていました。

保江　やはり、それは絶対無理ですよね。練習してできるような話ではない。ハリウッド映画なら再現させてくれるでしょうが。

北川　そのように、神様に助けてもらったとミカエルが実感する体験が、結構いっぱいあったみたいです。

保江　そういうことが、起こるわけですよね。それを実際の戦いの最中に体験されたから、もう絶対の確信があるのでしょう。とにかく神様がやってくださったとしか思えないですね。

戦場で過酷な経験をした軍人時代のミカエル。

愛はポジティブエネルギーを生む

保江　僕は今、『月刊秘伝』で連載させてもらってる中で、好き嫌いの話を書きました。愛することの原点は好き嫌いみたいなものですから。それで、「相手を好きになったら、倒しやすい」というのを、飛び道具でやったらどうなのかと思って試しました。

僕は銃は撃つけど、銃だと武術的には追求の余地が少ないと思って、手裏剣で実験したのです。僕自身は手裏剣をやらないのですが、僕の名古屋道場の門人で、２０２３年、第1回の世界手裏剣大会で優勝した田中君という男がいるから、彼に連絡して、こういう実験してくれと伝えました。

手裏剣の的に、彼がもの凄く興味を持つものの写真を貼り付ける。次は、彼が最も興味のないものの写真を貼り付けると。それで、どちらの的にも真剣に10回ぐらい手裏剣を打って、的中率を集計する。

すると何と、興味があるもの（彼の場合は甲冑）の写真を貼った的は、普通のときよりもさらに的中率が上がったのです。逆に全く興味がないもの（彼の場合はケーキ）の写真を貼ってある的は、手裏剣が的の中心から散らばる、散らばる。

北川　それは面白いですね。嫌いなものではないのですね。興味のないもの。「愛情の反対は無関心」

とはよく言いますけれど。

保江　そう。無関心なものです。

北川　嫌いだったら、かえって的中率が上がってしまうのですね。

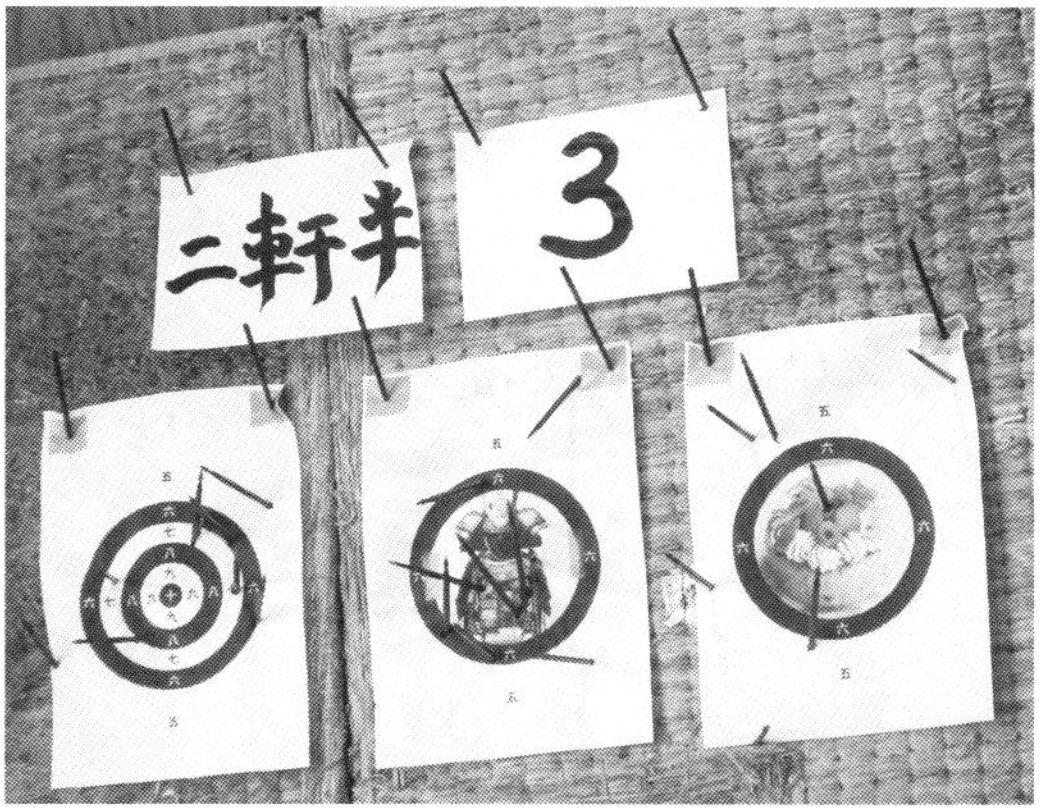

手裏剣の的に興味があるものの写真を貼ると的中率が上がり、興味がないものの写真を貼ると下がった。

保江　ですよね。嫌いなやつの顔だと（笑）。

でも、ちゃんと飛び道具でもそういう結果が出てきたから、先ほどのナイフ落としてパッと蹴る話も、「今、何とかしなければ！」という、ものの凄い全身全霊をかけて、生き延びなければという気持ち、神様何とかしてくれという最大限の気持ちがあったから、スコーンと刺さる。それがなかったら不可能ですよね。

もうだいぶ前ですが、アメリカ物理学会が、ウィリアム・テルの逸話を実験したことがあるのです。子供の頭に乗せたリンゴを射抜いたという逸話です。あれが事実か単なる作り話か、というのを実験で確認したわけです。

向こうにリンゴ、こちらに平たい弓（クロスボウ）を設置して、「弓を発射するのが人間だと不安定になるから」ということで、機械仕掛けで実験したそうです。徐々に引き金を引いて、レーザーポインターで標的を定めて、絶対に当たる角度で発射したら、何回やっても外れたそうです。だからアメリカ物理学会の結論は「あれは作り話だ」と。

でも、リャブコ先生の話から考えても、本当の人間が弓矢で射れば、多分当たるのだと思います。

北川 ミカエルは、「祈るとポジティブなエネルギーに包まれる。そうでないとネガティブなエネルギーになる」と言っていました。私は、「そもそも、そのポジティブなエネルギーとは何ですか？」と聞いたのです。そうしたら「簡単だ。好きなご飯を思い浮かべろ。そうするとポジティブな気分になるだろう」と。

保江 なるほど、シンプルですね。

北川 「じゃあネガティブなのは？」と聞いたら、「では嫌いなものを思い浮かべろ。気分が変わってくるだろう」と。

実際、ミカエルに言われたとおりに実験しました。そのときは手の強度で調べるのですが、単純に好きなものを思い浮かべると強くなって、嫌なものを思い浮かべると弱くなるみたいな。だから、ポジティブエネルギーというものを凄く簡単にわからせてくれるのですね。

保江 だから、この薬指の輪、「イコンの手」もポジティブエネルギーをもらえるのですね。

今思い出したのですが、プロローグに収録した対談の後に聞いた話です。あのときも大村恵昭先生が発明した「Oリング」テストの話をしましたね。親指と人差し指で輪を作って、それを引っ張って、崩れにくさで判定するテストです。これは結構お医者さんも使うのですが、大村先生の最初のOリングは親指と薬指の輪だったそうです。

北川　そうなのですか。

保江　なぜか今は親指と人差し指の輪になっていますが、元々これは薬指の輪でやっていた。だから多分、大村先生はわかっていらっしゃった。人差し指でテストするより薬指でテストするほうが正確にわかることを。

北川　もしかして、薬指は最も無意識と直結してる指なのかもしれませんね。一番動かしづらい指ということは、無意識領域に近い指といえるわけですね。「意識下にない」というか。

保江　確かに5本の中で一番動かしにくい指です。Oリングも無意識下で人間の反応を探るにはやっぱり薬指ですよね。これが人差し指だと意識下になるから、表層意識が影響しやすくなってしまう。なるほど。北川さんは哲学者みたいですね。

北川　親指と人差し指の輪で作るマネーサインに関していえば、お金の概念はかなり表層意識のほうでしょうからね。ヨガでも人差し指はアートマン、つまり自我を意味するそうです。

保江　僕は「こんなことでわかるわけがない」と言って、Oリングには反対していました。でも、薬指だと聞いてからは「あ、本物だ」と思いました。「これならわかるだろうな」と。これは無意識に繋がる「扉」なのですね。だからこれ、『キリストと文化』の本も（35頁写真）。

北川　あ、表紙が「扉」になっていて、これを開くことで、無意識領域の扉が開かれるということになりますね。

信仰心と物理学

北川　保江先生が物理学者で、武道家で、宗教的なことにも造詣が深いということについて、「全然別のことをやっている」と思う人もいると思います。でも、これらは繋がっているわけですね。

保江　湯川先生も、岡潔先生もオッペンハイマーも光明派だという話をしましたが、結構信仰心の強い人が、物理学、数学などの学問の中でも凄い発見したりしますよね。

北川　そうですね。それに関して連想するのですが、量子力学だと、観測する・観測しないによって全く状態が変わりますよね。信仰するというのは、神とかそういったものを観測しようとすることだと考えると、観測しようとすること自体が、その神の存在みたいなものに対して何か影響してるのかと考えられます。

保江　科学者の中で、年を取ってから神様の存在を言い出すのは、大抵理論物理学者なんです。他の生物学者とかは、年を取ってもほとんどそんなことは言わないのですけどね。

北川　アインシュタインも理論物理学者で、晩年は神について語っていましたよね。

保江　だから、物理学、特に物理学の理論を研究してきて、この宇宙の中の真理、からくり、原理を追い求めてきた人たちは、やはり神様の存在を直に感じるときがあるのではないかと思います。それはキリスト教の聖職者や仏教の凄いお坊様とかが、日々のお勤めの中で、神とか御仏とか、そういう超越した存在を感じるのと同じように、物理学の理論を日頃から考えたり数式で計算したりする中で感じているのではないでしょうか。

北川　物理学とは、物の理《ことわり》、世界を知る挑戦ですからね。

保江　それが晩年になって、「神だ」という方向の発言が出てくる。だからある意味、宗教の中の聖職者と学問の中の物理学者は、別ジャンルを歩んでいても、同じように神に接してる、神様の存在を実感できてる人たちといえるのではないかと思います。

だからリャブコ先生も、ロシア正教の神様との接し方の作法に基づいて生きてらっしゃった。それに加えて、凄く過酷な戦場での体験で、全ての面で神様という存在がもうご自分のすぐそばにあったと思います。

僕はそういう命を懸けるような体験は何にもないし、そんなに武道もコツコツやる人間ではなかったけれども、その物理学の理論だけは必死で考えてきました。それでも結局は、ドイツのアウトバーンを時速190キロでぶっ飛ばしているときに、額の内側に方程式みたいなものが出てきて、それを元に論文を書いて出したら有名になったというだけ。そのときもすでに神様のおかげを蒙《こうむ》っているわけです。

趣味で始めた武道も、神様のおかげで隠遁者様に巡り合えたり、この度はオッペンハイマーも関与して空中歩行の真似事までなぜかできて。こんな体験してたら、やっぱり神様を身近に感じてしまいますね。だから、日常生活で神様を感じるような凄く特殊な体験をする割合よりも、多分、物理学の理論を捏《こ》ね捏《こ》ねして「宇宙がこういうことで生まれた」とかを考えてるほうが、神様の存在を肌で感じる回数が多いのでしょうね。

北川　そうですね、理論物理学といったら、人間の思惟《しい》で行ける境界の際々《きわきわ》のところにいるようなものですものね。

保江　そうなんですよ。だから本当に物理学をやっててよかったと思います。でも正直なことを言いますと、そのアウトバーンでぶっ飛ばしたときに、額の内側に方程式が出て、それを元に論文を書いて、そこそこ有名になれていなかったら、僕の人生はもうボロボロというか、何も成し遂げてない、つまらない人生だったと、僕は今でも確信できます。

北川 「ヤスエ方程式」ですね。

保江 はい。あれを出せたことは大きいです。どんな奇想天外なことをやっていても、とにかくあれを手に入れていたから。もし手に入れていなかったら、今の自分もないし、空中歩行もしてないし、何もできてないと思います。それは結局、神様がそうしてくれていたと思うしかないですよね。

北川 その瞬間、誰も人類が行ってなかったところに行ったわけですからね。ということは、そこから先は、神の領域。狭間ですものね。

保江 そのアウトバーンでの体験、買ったばかりの中古のイタリアのスポーツカーで、グンとアクセルを踏んで190キロまで出た、「うわわっ！」というときと、この前の土曜日に「あそこのタクシー捕まえなきゃって、うわわっ！」というとき。多分、心理的なストレスは同じようなものだったと思います。

北川 極限状態のストレスが扉を開かせることはありますよね。そこに一般人が辿り着く方法は、なかなか難しいものでしょうか。日本だと高速道路で190キロ出すわけにはいきませんが。

保江 多分、辿れるとは思います。特別な人間というのはいなくて、誰でもそういうことはあると思うのです。

システマに流れる〝空気〟を辿って

保江　北川さんも、そういう経験があるのではないですか？　ある機会、あるタイミングで何か変わったみたいな経験が。

北川　拙著『達人の条件』に書いたのですが、ミカエルに教会に連れて行かれた経験ですね。

まず、私がミカエルのところに行くようになった経緯を言うと、元々日本でやってるシステマのグループがあって、そのときに、何だか不思議な空気が降りてきていたんです。その感覚は、その前に少し野口整体を学んでいたことと関係しています。

保江　やはり野口晴哉先生の整体を学んでいらしたのですね。

北川　はい。野口晴哉先生のお孫さん、野口晴胤《はるたね》さんに就いて学んでいました。野口晴哉先生の師匠は、松本道別《まつもとちわき》さんという霊術家です。そのため、晴胤さんから行法の気合法とかを習った関係で、霊術的なものも少し習っていて、霊力みたいなものに敏感な時期がありました。

その日本のシステマグループで、そういう不思議な空気が降りてきていると感じたわけですが、「これはどこか他のところから来ているものだ。これはどこから来てるんだろう」と思い、それを辿りたいと思ったのです。

その当時はトロントに大きいスクールがあったから、そこに行けばわかるかなと思ってカナダに行きました。そこはミカエルの高弟のヴラディミアがいて、やはりその空気が濃くて。だけどそこが源泉ではなく、やはりどこかから来てると感じました。

「これはヴラッド（ヴラディミア）が意図的にどこかから持ってきてるな」という感じがして、「普通に考えたら創始者のミカエルだろう」ということで、その次の年にミカエルのところに行きました。そうしたら、やはりその空気感があったんです。

でも、そこがゴールではなかったのです。「だけどこれは、ミカエルが発してるわけではなくて、どこかから持ってきているぞ」と感じたのです。

それはどこなのかと思っていたら、ミカエルが教会に連れていってくれたのです。郊外のほうの、本当に開けた自然の中に白い教会がポツンとあるところで。そこにうちの奥さんのアヤと一緒に行ったのですが、ミカエルがその教会の中で僕とアヤを呼び寄せて、「ちょっとここに二人で立っていなさい」と。その目の前に、キリストの顔が大きく描いてある大きなイコンがあったのです。「何ですか？」と聞いても「とりあえず立っておきなさい」みたいな感じで。

私は「わかりました」と言って立っていたら、そのイコンのキリストの顔が、ブワーッと壁一面のように大きくなって、何だか飲み込まれそうな感覚になりました。

保江　それは凄い体験ですね。

北川　これは何なんだと思いました。それで、「もしかすると、これがシステマなのか。ここから、今までの空気が全部来てるんだな」と思ったのです。なるほど、こういうことかと。で、もういいかなと思ってイコンから離れたら、ミカエルがこっちを見て「わかったか」みたいな感じで満足そうに頷いてました。

そのときに私の場合は「ああ、これがシステマか」と思って、そこから迷わなくなりました。「この空気さえ持ってきていれば、何をやってもシステマになる」と。

保江　なるほど。まさに。

北川　だから、ミカエルに教会のところまで連れ出されたという感じですね。

保江　それは凄い話です。やはりキリストの、神様のお力をいただいているのですね。

北川　そうなのではないかと思いますね。

保江　その教会が、場所も含めて良いところだったのかもしれないですね。

北川　キリスト教は面白いところがあります。神道や仏教、特に神道はパワースポットに神社があることが多いのですが、キリスト教の教会は違うのですね。パワーがあるところに建てるわけではなくて、パワースポットを作ってしまう。いきなり荒野に十字架を立てて教会を作って、そこに祈りの力を込めて、みんなで祈って祈って祈って、パワースポットにしてしまうのですね。そのミカエルが連れていってくれた教会は、まさに長年、地元の人たちがずっとコツコツ祈ってきたような

ところでした。だからそういうことが起こったのかもしれない、と思うわけです。

保江　なるほど。今日は本当にいいお話を伺いました。こういうのは読者の皆さんに知ってもらわないとね。

北川　いえいえ、保江先生のお話の密度が高いので、ついていくのに必死です（笑）。

保江　まだまだ語り残したところがあるので、またぜひ続きのお話をしましょう。今度は技の写真も撮れる場所がいいですね。

北川　いいですね！　それなら、システマ東京の原宿ＨＱでいかがでしょうか。

保江　ぜひお願いします。また楽しみにしています。

Chapter 4

感性と物理学が武術を極める

拳銃のグリップにも繋がった「イコンの手」

保江　今回は北川さんのホームグラウンド、原宿にあるシステマ東京の原宿ＨＱにお邪魔しています。

北川　保江先生、お久しぶりです。本日は宜しくお願いします。前回から少し間が空きましたが、最近の武術的な気づきなどはありますか？

保江　最近気づいたことといえば、つい先日、埼玉の東松山に行った話からしないといけないのです。田村装備開発という自衛隊や警察とかの訓練を請け負ったり防犯装備品を作っている会社があって、そこの社長さんが僕の本を読んでくださっているということでお招きいただきました。

北川　田村装備開発、僕も知ってます。社長の田村さんとは、一緒にシステマを練習していた時期もあります。すっかり有名人になっていて驚きました。

保江　「もしよかったら社長との対談収録をお願いします」と言うから、少し遠いですけど、そういう装備品には興味があるから「ひょっとして、お土産に何かもらえるかも？」と思って（笑）。実際いくつかもらえたのですけど。まあ、そんな動機で行ったわけです。

そこで「ぜひ合気の実演を」ということになり、「いいですよ」と言って、田村社長と長田部長

と若手社員さんの三人を相手に、いつものようにやりました。すると、「え？」という感じで、みんな頭にクエスチョンマーク。
でもやはり社長さんは鋭いというのか、「いや、今、まるで俺自身が自分から倒れたような気がするんだけど、でも俺、そんなことしねえし？」とか言い出しました。
社長さんと部長さん、今まで倒れた姿を誰にも見せたことがない人がコテンと倒れて。そうしたら「ありえない」「でも、とにかく面白い」と。それですぐにいろいろご伝授しました。そしたら全部できるようになって、本当に面白かったのです。
後でその若い人が、「うちの社長は元埼玉県警の特殊部隊（ＲＡＴＳ）で、部長は元陸上自衛隊の特殊作戦群の第1期生です」と教えてくれました。いや、最初にそれ聞いてたらヤバかった。もう敵前逃亡してたかもしれないです（笑）。

でも、それでわかったのです。合気は普通の人よりもはるかに効くのですよ。前から薄々わかっていましたが、相手の体を使わせてもらってるのだと。だから合気では、相手はとことん抵抗して、こちらを攻撃する気でいるのですが、無意識レベルではこちらの味方をして、こちらの都合のいいように相手が自分で自分を倒してくれている。

北川　自分で自分を倒す。なるほど。

保江　だから、社長さんはすぐに気づいて「何だか自分から倒れてるような気もする」とか言語化したわけです。まさにそのとおり。「究極のヤラセなんです。無意識でヤラセをさせてしまう技が合気なんですよ」と言ったら納得してくれました。

そう思うと、一般人、趣味の延長で武術をやっている人、道場を構えてるような、とことん修行した人、それから本当に命がけで世の中を守ってるプロを並べたときに、合気の効果は、プロに一番効くわけですよね。次が道場を構えてる人で、それから趣味でやってるような人。素人なんて、こちらの思うとおりにはなっても、さほど力が強くないから、大した効果にはならないのです。だからそういう人相手には力技で、腕の1、2本も折ったほうが簡単なんですよ。あるいは柔道の技で投げたほうが。

だから昔から、合気というものは御留技《おとめ》であり、殿様か若様か、皇太子ぐらいのやんごとなき人たちだけが使うわけです。使う相手、つまり仮想敵も末端の兵士ではなくて最強の将軍とかで、軍師とかも一番強い相手のときにだけ使う技なのだろうな、と実感しました。

そうしたら、社長の田村さんから翌日にお礼のメールが来て、「前から持論で、本当に強い人は優しい人と思っていましたけど、そのとおりだったのですね」と伝えてくれて、「あ、そういえば北川さんも優しいもんな」と思ったのです。

北川　いえいえ。恐縮してしまいます。

保江　あのリャブコ先生も、終始優しい人でした。

北川　田村社長は、警察の特殊部隊出身で、逮捕術の大会でも優勝していたそうですね。なるほど、「究極のヤラセ」という表現は、何だかわかる気がします。

田村さんたちは銃器を前提にした訓練をされていますから、自ずと感度が高まります。合気もそもそも刀を前提にしたものなので、高い感度が前提になっているように思います。殺傷能力の高い武器を前提にするほど、武術は肉弾戦より情報戦寄りにシフトしていくわけですよね。合気はかなり高度な情報戦という気がします。田村さんたちが合気にかかりやすいというのも、それだけ高度な練習をされているからなのでしょうね。

保江　そこで、これです。部長の長田さんが発明した、拳銃のグリップ（銃把）に装着すると狙い

銃のグリップに取り付けた「N-BAND」。

「N-BAND」によって薬指の位置が決まり、安定する。これも「イコンの手」の形といえる。

が定まる、というゴムバンドを売ってたのです。「あ、これいいな」と言ったらお土産にくれて（笑）。「N－BAND（エヌバンド）」という名前で製品化しているそうです。これ付けると全然違うのです。

北川　そんなに違うのですか。

保江　この、僕のモデルガンを持っていったのです。「ひょっとしたら訓練場でやらせてくれるのかな？」と思って。そこで、このゴムバンドを付けて握るとすぐ照準がピタッと合う。リアサイトから綺麗にフロントサイトが見えて、ブレないのがわかります。

北川　ああ、これは全然違いますね。親指のところが綺麗に引っかかるようになるので。

保江　発明した部長の長田さんによると、「薬指が当たるからいいんです」とのことでした。やはり薬指なんだ、と。これがないと中指を軸にして握ってしまうが、これがあると薬指中心になる。

このゴムバンドに薬指が当たることでしっかりと親指と繋がって、銃を向けてすぐに照準が合うわけですね。

北川　凄い。これはグリップ（銃把）に巻いてるだけですよね。対応する銃は、このＳＩＧ《シグ》でもベレッタでも何でもいいわけですから、世界中の拳銃を使うところで求められそうですね。

保江　そうそう。それと、このモデルガンを見ただけでＳＩＧだとわかるのもさすがですね。このバンドを付けるだけで、本当に着弾率が上がるのです。しかも薬指がこれ（イコンの手）になるわけです。僕も「いや、まさか」と思いましたね。

北川　ここでまた、薬指が出てきましたね。

保江　はい。凄い伏線回収です。まさかここでまた「イコンの手」ですからね。

命がけの任務は〝感度〟が高くなる

北川　今日、編集者さんが持ってきてくれた、ＢＡＢジャパンから出てる本の中に、やっぱり薬指の力について触れているものがありますね。『〝手のカタチ〟で身体が変わる！―ヨガ秘法〝ムドラ〟

の不思議』（２０１８年、類家俊明・著）では、親指と薬指で輪を作る「プリティヴィ・ムドラ」や、指をもう少し重ねる「スリヤ・ムドラ」を重視しています。薬指も、薬指以外に関しても、しっかり形を作ろうとするよりも、皮膚に触れるか触れないかというぐらいの感覚によって、心身の様々な面が活性化するようですね。

こちらの『不思議！　薬指第一関節だけで変わる全身連動メソッド』（２０２２年、牧直弘・著）を見てみると、腕は尺骨を中心に回内・回外するわけですが、尺骨が中心で、その延長上に薬指がある。薬指が一番安定する中心だ、と書いてあります。

保江　医師とかスポーツトレーナーは「薬指だけは神経系が違う」という話をしますね。

北川　この牧さんの本によると、薬指は唯一、尺骨神経と橈骨神経の両方と繋がっている指だと。やはり薬指には、いろいろな謎を解くヒントがありそうですね。

保江　以前にも言いましたが、大村先生のOリングも最初は薬指の輪だったわけですよね。今はみんな人差し指の輪でやっていますが。

北川　それもあまり知られていないですよね。

保江　ちょうどこのバンドで、銃を構えたときにブレなくなるというのは、その尺骨神経・橈骨神経の関係で、腕がしっかり決まるということでしょうね。

北川　これがあるだけで全然違いますね（拳銃を構える）。

保江　さすが北川さん。ロシアに行ったら実銃で訓練をやるから、扱い方が正しいですね。銃口を絶対人に向けないですね。僕は先ほど編集者さんに向けてしまいました（笑）。

北川　ある程度は身についていますね。あと、本当に撃つときまではトリガーに指を掛けないというルールもあります。これらはラバーガン（ゴムの模擬銃）でやっても怒られますので。

保江　やはり軍人とか、リャブコ先生もそうですが、本当に戦いをやっていた人たちの感度は高いですよね。

北川　だからボクシングでも、プロボクサーにしか通じないフェイントがあるわけですよね。トップのほうにいくほど情報戦になってくるから、その情報がわからない鈍い人には、さっき保江先生が言ったみたいに、格闘技的な感じでボカンとやるしかないですよね。それは、どちらかというと感度が低い人向けですね。

保江　そうです。

北川　感度が高い人とは、やはり情報戦的になってきますよね。ミカエルもノンコンタクト・ワークと呼ばれる、触れない技とかもやっていましたが、これもやはり「感度が高い人にはかかる」という感じです。

それで変に抵抗すると、それは相手の前で感度を鈍らせてるということだから、単純に殴られます。

感度が鈍いのに、体は大きくて筋力が強い相手だと、怪我をさせないように苦労しますね。それは〝怪我してしまうような危ない状況にいることを自覚してない〟ということなのですが、実際に怪我をさせるわけにいかないから。

保江　そうですよね。あれは困ります。

北川　反射的に抵抗してしまう人は危ないですよね。こちらが手をひねっても、反射の動きは対抗する動きになりますから。例えば、僕が相手の手を右にねじると、反射で左側に動いてくる場合です。関節にかかっている力の逆方向に抵抗するから、2倍の負荷が関節にかかるわけですね。それを首を折ってるときにやられると、「やばい、大怪我させてしまう」と思うから、手を離さざるを得ないわけです。相手が自らの首を折るような反射を起こすので。

保江　それは怖いですね。下手したら死んでしまいますから。

北川　怖いのです。だからそういうときは離しますよね。そうすると、相手は感度が鈍いから「自分で脱出できた」と思ってしまうわけです。こちらが離しただけなのですが。

やはりミカエルのように実際に戦場に行くと、どこに地雷が埋まってて、どこからスナイパーに狙われてるかわからない。そうすると意識を非常に広くキープしないといけないわけですよね。凄いスナイパーになると2キロ、3キロ先から狙ってくるので、そこまで意識を広げないと危ないから。そういう中でいると感度が高まってわかるようになる、と言っていました。

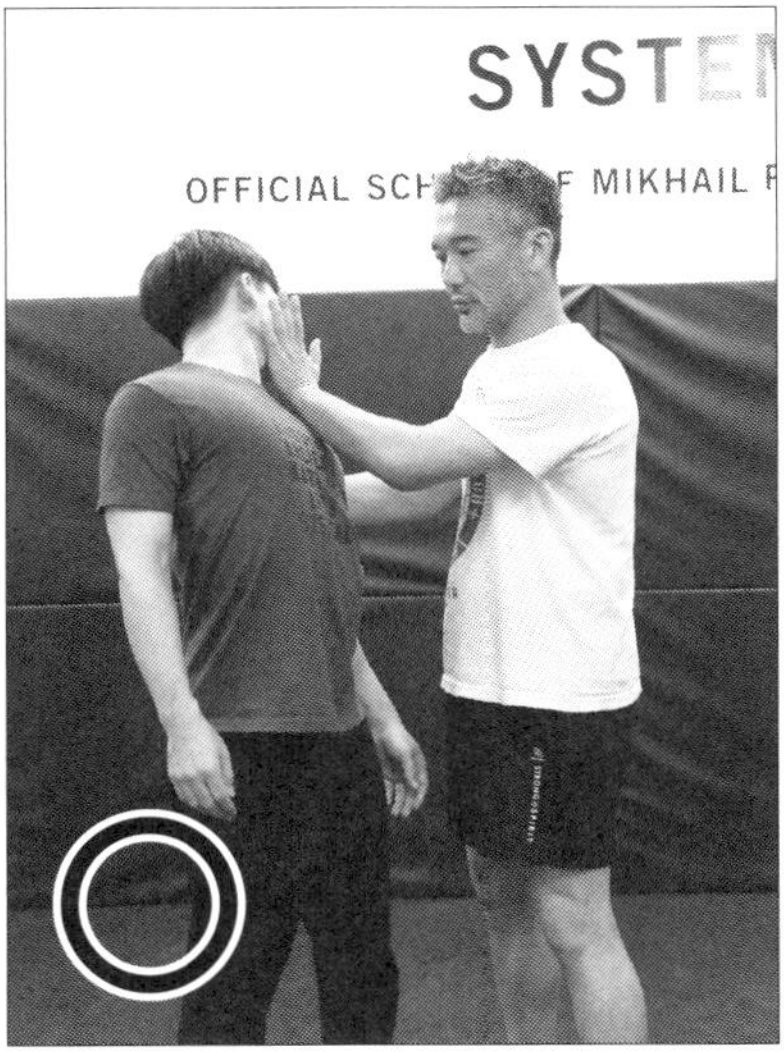

首を折る技に対して、力の方向に沿って受け流すように応じている。

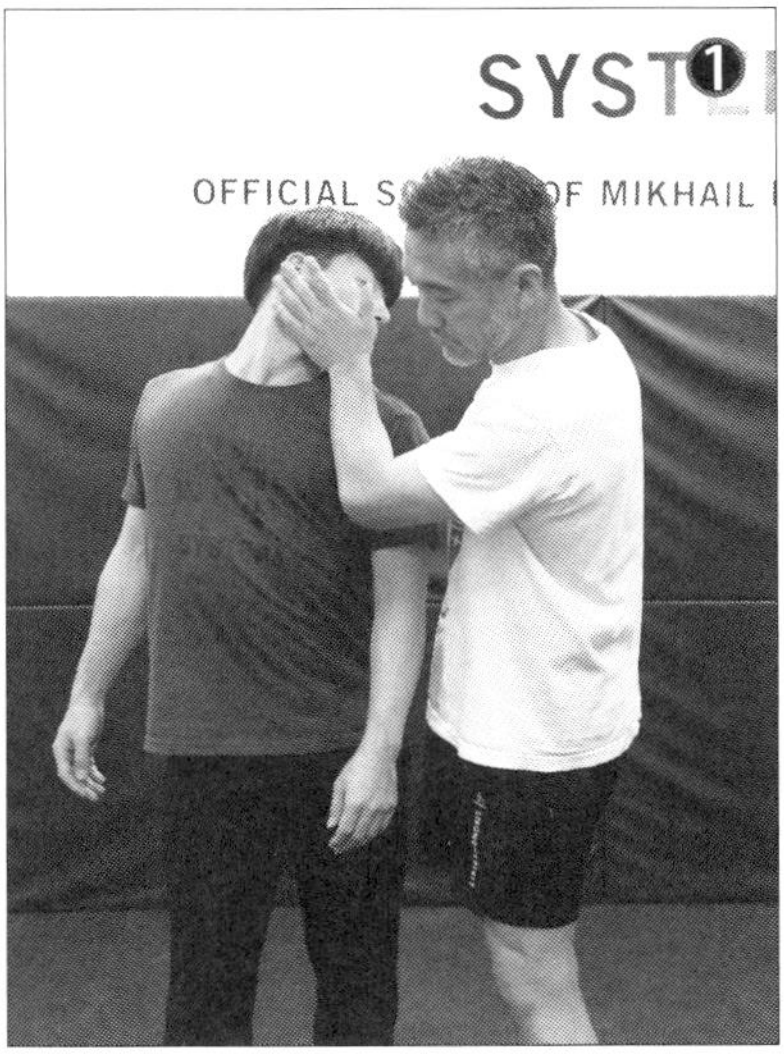

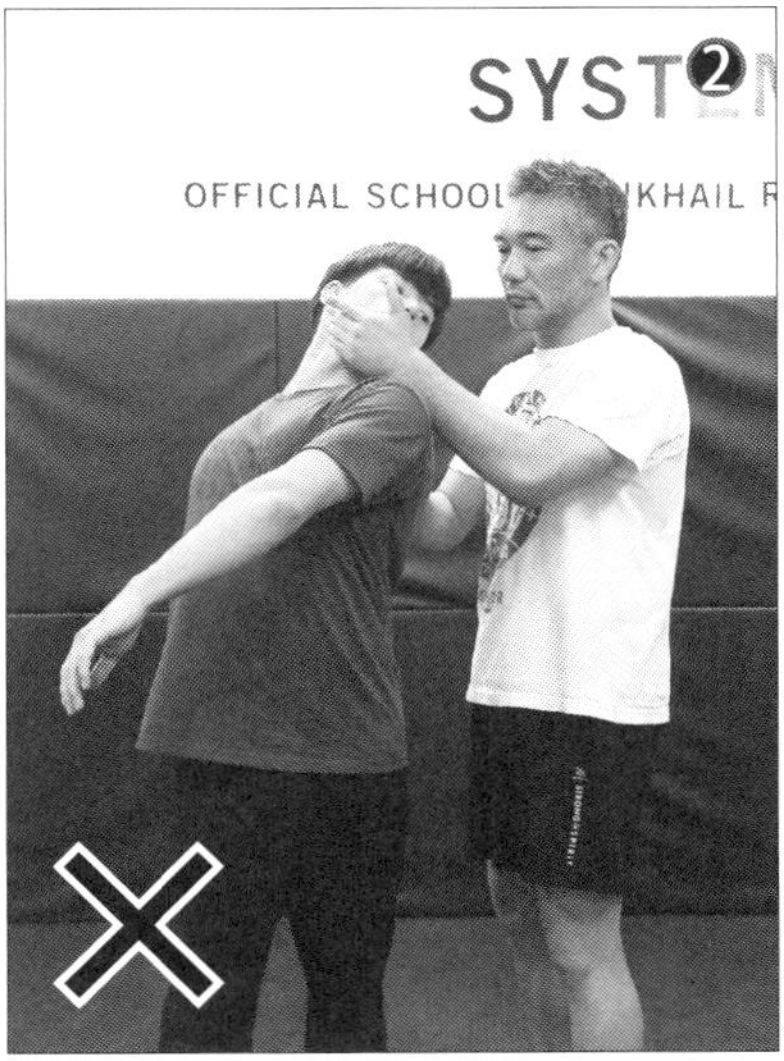

首を折る技に対して、無理に抵抗してしまう間違った対応の仕方。

保江　2キロ、3キロ先ですか。

北川　「だって、それがわからない奴は死んでるからね」と。

保江　なるほどね。本当にそういう、スナイパーがいるような境遇を想定してるから、その社長の田村さんとか、部長の長田さんも感度が高いわけですね。僕が「それでは教えます。はい、あなたの〝感覚〟を相手の後ろの2メートルぐらいのところまで出してください」と言ったら、すぐ出せたのです。普通の人は出せませんよ。だから、やはりそうやって彼らは生き延びてきている。

北川　人智を超えた能力のように見えるものも、必要に迫られて、命を懸けて日々磨いていけば、当人にとっては当たり前の感覚になるのでしょうね。

保江　特に銃に関係する知識や技能は、海外だと当然に必要なのに、日本だと法律の関係もあって縁遠いものになりがちです。

北川　私自身もミカエルとかに、銃を持ったときの体の使い方を習ってきましたが、それが自然に感じていると、徒手格闘にもの凄く活きるのです。だから案外、基礎知識レベルだけでもよいので銃の扱い方を知っておくことは、武術と相性がいいと思います。銃は〝筋肉で対抗できないもの〟の最たるものですから。

片腰に帯びる――自発的対称性の破れ

保江 田村装備開発にお邪魔したとき、僕は腰にホルスターを用意して行ったのです。彼らに敬意を表して、撮影するときにモデルガンを腰に付けさせてもらいました。そこで面白い発見がありました。なぜかこれがあると、いつもより体の動きが良いのですよ。

北川 拳銃を、腰に下げているだけで?

保江 拳銃は全然使わないですよ。大体、実銃でもないし。でも、なぜか自分の体のバランスが良くて。それで、最後までこれを付けたままでやりました。少しアホみたいですけど(笑)。

北川 昔の侍が腰に刀を差していたのと似ていますね。左右両側ではなく、片側だけに二本。

保江 確かに侍は二本差しで、座るときに大刀は置いても、小刀は差したままですよね。歩くときは片側に二本。それで弱くなるのならやらなかったでしょうから。僕も、片方に重さがあるとバランスが悪くなるような気もしないではないけど、逆になぜか良かったのです。

北川 このように少し重いものを体に身につけて違和感があると、体がバランスを取ろうとするから、かえってバランス能力が高まって、全身が動き出すこともあったりしますよね。

保江 そうか、逆に。なるほど、無意識下で雑になっていたのが、整うきっかけになるのでしょうね。

片腰に銃を装着すると、不思議と体のバランスが整う！

北川　左右対称が必ずしも良いわけではないようですね。

保江　それこそ物理学の理論では、２００８年に日本人の小林誠、益川敏英、それから南部陽一郎という先生たちがノーベル物理学賞を受賞したのですが、南部先生の受賞理由が「対称性の自発的破れ」理論。これは対称性を持ったものは逆に不安定で、必ず対称性を破って安定するところに落ち着くという理論なのです。対称性が破れていたほうが、実は永続性があるということです。１００パーセントきれいなものは、何となく落ち着かないので。

北川　その対称性が破れることで、安定に向かうということですね。

保江　そうです。例えば、水の分子は前後上下左右、自由に動けるわけです。動く自由がある。つまり対称性がある。

そして、温度エネルギーが低くなる、つまり温度が下がっていくと凍ります。凍ったらもう水の分子は右にも左にも上下にも動けなくなる。その場所にしかいられなくなる。でも、より温度の低い状態、つまりエネルギーが低い状態になれる。つまり安定だといえます。水は温度が低くなると凍る。水だけじゃなくて全ての物体が、そうして安定する。

北川 なるほど。それを〝安定〟というわけですね。

保江 エネルギーが低いのが安定です。

北川 整体の世界でも、左右のバランスを取りましょうとは言いながらも、実は突き詰めると必ずしも完璧な左右対称がベストではないわけですよね。心臓がそもそも左に寄っていたりして、人体の構造自体が最初から左右対称ではないですから。

保江 やはりそうなんですね。

北川 そういえば、太極拳でも「『双重』を避ける」、つまり片足に重心を寄せるという原則を教えているそうですね。

保江 なるほど。

北川 そもそも人間の体は、歩くときには絶対に対称性が破れるわけですものね。直立姿勢から一歩踏み出したら対称性が破れて、そのあと右、左、右……と。それでまっすぐ歩けるのは、一歩ごとにエネルギーを消費して左右の破れを繰り返すから、全体としては直進になるということですよね。

保江　その右、左、右の繰り返し。物理現象で例を挙げると、旗です。風が吹くと、スーッと弱い風だったら一方向になびく。ところが台風クラスのもの凄い風だと途中からバタバタッとなりますよね。右ばかりにいったら対称性を保てない。左ばかりにいっても保てない。だから時間的に、ある瞬間は右にいって、次の瞬間は左にいく……と繰り返すことでトータルでは対称性がある状態になる。

風が弱い、つまりエネルギーが低いと、旗が片方に偏ったままで、対称性が破れている。風が強い、つまりエネルギーが高いと旗が交互にバタバタバタッとなるから、瞬間的には偏っていますが、時間の中で対称性が保たれている。やがて台風が衰えると対称性が破れて片方に偏ります。

北川　そうですよね、私は大学のときに理工学部でしたので、流体力学をやっていたのです。

保江　流体力学。そうなんですね。

北川　ここに棒があって空気や水を流すと、その左右にカルマン渦ができますよね。渦が左右対称でなく交互に出てくる。

保江　さすが。カルマン渦って専門用語が出るのだから。そう、交互に出ますね。

北川　同時じゃなく交互に出るから、旗もバタバタするわけですよね。野球のナックルボールも同じで、無回転のボールがバァアッと揺れるのは、やっぱり同じ原因で。

保江　そうです。そうすると風が真ん中をまたぐときに、右に寄るときと左に寄るときと、交互に発生するわけです。

いやしかし、北川さんは理科系だったのですね。

北川　学部までで、院には進んでない程度ですけれど。

保江　カルマン渦なんて久しぶりに聞きましたよ。

北川　でも物理のバックボーンは、今も使ってはいます。打撃技に関して、以前に出したYouTube動画とかでも「P波とS波」という言葉を使ったりしています。

保江　それ面白そうですね。P波とS波というと地震学の言葉で、プライマリー（第一の）ウェーブとセカンダリー（第二の）ウェーブですよね。地震では最初にグラッとP波が来て、これで緊急地震速報が作動する。次にS波が来て、本格的に建物が揺れたり地面が割れたりします。

北川　はい。パンチを打つときも二つの波が発生するのですが、普通にドンと殴ると打つ側の体が固まってしまうので、第一の波であるP波しか相手に届きません。自分でS波を止めてしまうからです。でも相手にしっかり伝わるようにしてあげると、浸透します。S波のほうが遠くに届くからです。

どうしても普通の人は、最初のドンッという衝撃を出すのが凄いと思ってしまうのですが、中に浸透するようなS波のほうが威力は大きいのですよね。地震だってそうです。これは打撃だけではなく、触れて崩していくときにも有効です。さらに武術が繊細な領域に入ってくるとS波だけになっていきます。

保江　なるほど。これはいい説明の仕方ですね。

北川　保江先生みたいに、愛とか言えないキャラでして（笑）。

保江　いやでも、P波・S波のほうがわかりやすいと思います。特に今の人は、そのほうが納得しやすいでしょう。やはり武術界も理科系の、こういうちゃんとした物質現象の話ができるようにならないといけません。さっきのカルマン渦の話もそうですし。

北川　いやもう、博士の前で申し訳ないです。

保江　いや、絶対に力学は必要ですよ。流体の力学、剛体の力学。

あとそれから、こんなのもあります。うちのスタッフでポールダンスをやってる女性が何人かい

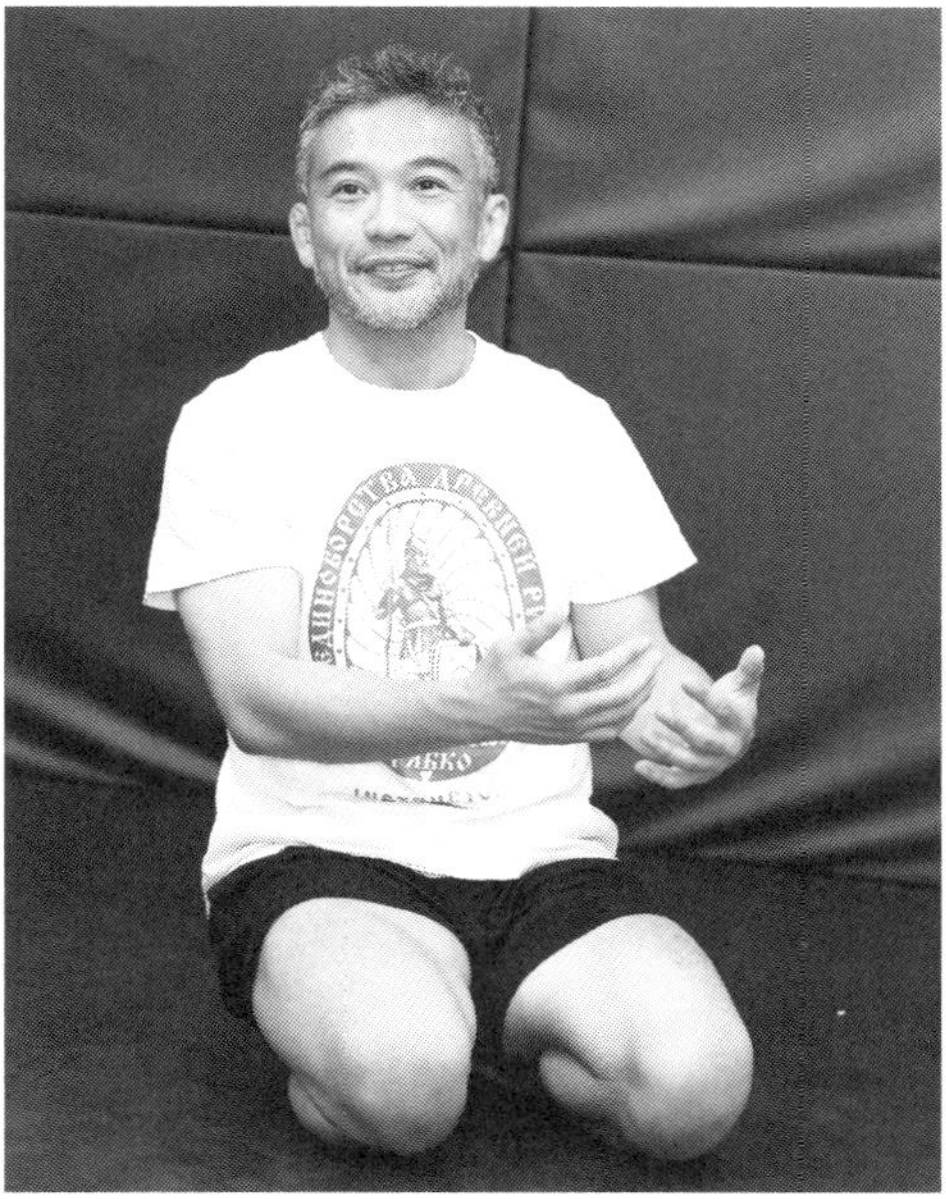

るのですが、あれは人間の体がコマのように塊として動くのですよね。普通の質点《しってん》の力学だと、単なる物体が飛ぶのは、ニュートンの運動法則とかでわりと簡単に解けますよね。

北川　質点、つまり現実とは違って「大きさのない、点状の物体である」と便宜的に仮定して計算しますからね。でも、回転する剛体……体積や角速度が関係してくると成り立ちませんよね。

保江　そうです。コマみたいに剛体が回転してるものになると急に解けなくなります。オイラー方程式が難しいので。

北川　ジャイロですね。

保江　はい、ジャイロです。回転体、例えばコマを横からちょんと押すと、その押した方向ではない別の方向に向きます。これがオイラーの運動方程式から導けるはずなのですが、もう数値計算でしか解けません。それを、ポールダンスではくるっと回りながら自分が手を下げると、それだけで横方向に体が回りだす。上下方向の力を加えると、横方向に動く。

だから柔道の技には、結構そういう要素が入ってます。講道館柔道を創始した嘉納治五郎は文部官僚ですし、今の東大入学率ナンバーワンの神戸の灘高校を創ったような人です。知性の塊なのですね。

北川　柔道の創始者としてやオリンピック招致などで有名ですが、学習院の教頭や東京高等師範学校の校長を歴任した超インテリですからね。

保江　だから柔道の技を見ていると「なぜこの方向に引くの？」という技があります。これ、実はその前に体をひねって回転させてるからなのです。完全に物理学の知識が下敷きになっています。

「こっちに自分が少し仰け反ると、相手にこういう力がかかる」というのは、普通は直感でわかりません。直感でわかるのは宇宙飛行士とかポールダンサーぐらいでしょうね。ポールダンサーがスピンするとき、普通に回るよりも首を傾けたほうが途中から加速して、きれいに回れるそうです。

北川　武術では、パワーとスピードで圧倒していれば2本の足を地面に付けて強引な技を使ってもごまかせてしまいますが、より強い相手とか、足場がない環境とかになると、物理学の知識が一層効いてきます。

保江　今や世界中で多くのダンサーがやってる身体訓練法に、フェルデンクライス・メソッドがあります。その創始者のモシェ・フェルデンクライスは、ヨーロッパ人で最初の柔道黒帯取得者だそうです。

あと、日本を代表するバレエダンサーの熊川哲也氏が人の頭よりも高く飛べるのも、これなんだそうです。ただジャンプしただけだと、ジャンプした高さの分だけ重心が上がるだけなのですよね。でもジャンプした瞬間に両足をぱっと広げると、足が上がった分だけ重心も上がる。だからより高く飛べるわけです。

北川　重心移動で加速してるみたいな感じですか。

保江　物体として変わる。立っているときは縦長の物体で、飛び上がった瞬間にもう平らな物体になるんです。

北川　形状が変わるから重心が変わる、と。なるほど確かに！

保江　そう。重い部分である足が上にいくから重心が上がって、上にいく。だからその辺も物理法則。

保江　だから、アメリカ、ヨーロッパのダンサーたちはフェルデンクライスの身体訓練法で舞台活動をしていても、今やフェルデンクライスが柔道をやっていたことなんて知らないですよね。

北川　フェルデンクライスは、フランスに柔道を根付かせた人物でもありますね。知り合いにフェルデンクライス・メソッドのプラクティショナーがいて、その人に内部向けの文書を見せてもらったことがありますが、そこにはフェルデンクライスがどれだけ柔道から大きな影響を受けていたか

まず体をひねって回転させることで、最適な方向に相手を引き崩すことができる。実は柔道の投げ技は、物理学の知識がベースとなっている。

物理法則を無視して無理な方向に引いても、相手は崩れない。

が書かれていました。そのフェルデンクライスも、元々物理学者なんですよね。物理学の視点で柔道の達人の動きを分析し、効率の良い体の使い方を見つけ出したのがフェルデンクライス・メソッドであるともいえそうです。

鎌倉の刀匠や宮本武蔵の経験知を、現代の物理学知識で追いかける

保江　やはり理科系の素養は必要ですよね。一般の人はともかく、武術をこれから修行しよう、突き詰めてやろうという人は、まずはそういう理科系の、流体力学、剛体力学を勉強していくべきですね。

それでとことん上り詰めて、自分の道場を出せるようになった上で、感覚を研ぎ澄ませたり、合気のような究極のヤラセを身につけたりとかに進んでいくのがいいのでしょうね。

だから達人技を真っ先に求めるのではなく、まずは物理学ですよ。

北川　そうですね。普通の物理学は意外に大事で、振動とかも学べば役に立ちますから。

保江 振動もそうですね。例えば鎌倉時代の刀、もう失伝した製法で作った日本刀は微小振動が持続するのです。超音波メスと同じように、もの凄く細かく震えてるから、当てただけで切れます。そうでないと宮本武蔵も吉岡一門を20人切ってたら、もう脂で切れなくなりますよね。でも当てるだけ、相手の親指に当てるだけで親指が飛ぶわけですから、それなら可能ですよね。

北川 その微小振動というのは、刀を振って止めたときに震えている、ということですか?

保江 いや、宮本武蔵が二刀流をやっていた理由はそこにあるわけです。頭で考えると二刀流は、チャンバラごっこのように右で防御して、左で反撃する感じだと思いますよね。でも違うそうです。

僕は北海道にいらっしゃる二天一流の先生のところで、少し稽古させてもらったのですが、宮本武蔵は、大刀と小刀をチャキーンと打ち合わせて振動を生んでいたそうです。ちょうど鉄の棒で音叉を叩くみたいに。

こうして木刀でやってみても、ある程度の反響は残ります。実際の日本刀、特に鎌倉期に鍛えられた刀は、これが長時間持続する。その先生の真剣も拝見しましたが、細身で軽いのです。だから二天一流は稽古する木刀も細いわけですね。非常に固い樫の木か何かでできていて、水瓶の水に浸けたら、まるで音叉を入れたときのように、水面に波が立つ。

北川 超音波カッターを想起させますね。その音自体にも、何か効果がありそうですね。

保江 そうですね、相手の無意識下に影響を与えるかもしれません。でも第一に、とにかく当てるだけで切れるのです。親指を切られたらもう刀は取れないから、戦えません。

北川　現代のような科学もなかった時代にそういった現象を知り、そんな刀が作れたというのは、昔の刀匠は経験的に見つけていたのでしょうか。

保江　多分そうなのでしょうね。鎌倉時代に、物質の特性や熱による組成変化も経験的に把握して、固い素材と柔らかい素材を何層にも重ねて打っていた。人間の知性と技を限界まで追求して、そこに何か閃くものがあったのではないでしょうか。

北川　人智の限りを尽くした先に、後世の科学をも凌駕するものがあったと。

保江　ロストテクノロジーですね。数百年前のものですが、当時は大量に作られたので、結構な数が現代にも残っています。もちろん値段は高いのですが。この前も、たまたま僕の飲み友達が持っていたから見せてもらったのですよ。そのとき「これも微小振動するか知りたいから、ちょっとナイフで叩かせてくれ」と言ったら、当然断られました（笑）。

北川　それはそうですよ（笑）。

保江　江戸時代以降の刀って、「物打ち」といわれる先のほうしか切れるようにしていないのですよね。刀同士がぶつかり合ってチャンチャンやると微細なギザギザ刃になるから、いわばノコギリのように切る。ところがその、鎌倉時代の刀は、柄の近くからどこでも切れるので怖いのです。

北川　刺身包丁も研ぎすぎると魚が切れなくなるから、家庭で使うならミクロなギザギザがあるほうが良いっていいますからね。
物理とか、理科系の考え方を突き詰めていくと、それで説明できないこととか、よくわからないことにぶち当たる。その境界を知るためにも、凄く大事だと思うのです。そうでないと、全く神秘でないことが神秘であるかのように喧伝されてしまいますから。物理的な素養は、物理で説明できない領域を知るためにも必要なのです。

保江　そうですよね。物理学の基本とかその応用範囲で、どこまでが物理現象で説明できるかを知っていると、それで説明できないところにぶち当たったときに気がつけるから。そこを知らないと五里霧中で、本当に気づかない。

北川　保江先生のご著書『物理学で合気に迫る　身体「崩し」の構造』（２０１１年、ＢＡＢジャパン）は、まさにそういうコンセプトでしたね。物理学で限界まで解明して、その先を知っていくということですね。

保江　そういうことです。

北川　物理学だけだと全部説明できないことをわかってやっていて、その説明できないものを知りたいわけですよね。

2014年の大阪セミナーでのミカエル・リャブコ×保江邦夫

北川　また対称性の破れの話に戻りますが、僕は最近「ムチ軸法」というのをやっています。システマで使う「ナガイカ」と呼ばれるムチを頭に乗せたり、それで軽く体を叩いたりします。ムチなどの少し不安定なものを頭に乗せた状態で立つだけでバランスが強固になったり、皮膚へのムチの刺激でそのバランスが失われたりするので、それによってバランス能力を養っていきます。

保江　不安定な条件を与えて立つ。体の表面を軽く叩いたら戻る。なるほど。

北川　よく、姿勢を整えようとすると「左右均等」と言われますが、それは背骨に何も異常がない人が均衡を取ると真っ直ぐになるという話ですよね。だけど人体は、「ちょっとバランスを取らなければ」という状況にしてあげると、勝手にバランスが整って、どんな状態でも全身が均一になってくる。安定に向かうわけですね。先ほどの保江先生の腰の銃と同じです。

保江　なるほど、まさにそうですね。これはモデルさんが頭の上に本を乗せてウォーキングの練習をするのとも似ていますね。

ムチといえば、これはリャブコ先生にいただいたムチなのです。

北川　これは2014年にミカエルが来日したセミナーのときのものですね。その際、『月刊秘伝』で保江先生とミカエルの対談取材もありました。

保江　もう10年以上も前ですか、早いものですね。あのときは大阪でセミナーをやった後も日本各地を回られて、最後にリャブコ先生がロシアに戻られるときに、僕の弟子でシステマもずっとやっ

対談でまさに意気投合した保江とミカエル（2014年）。

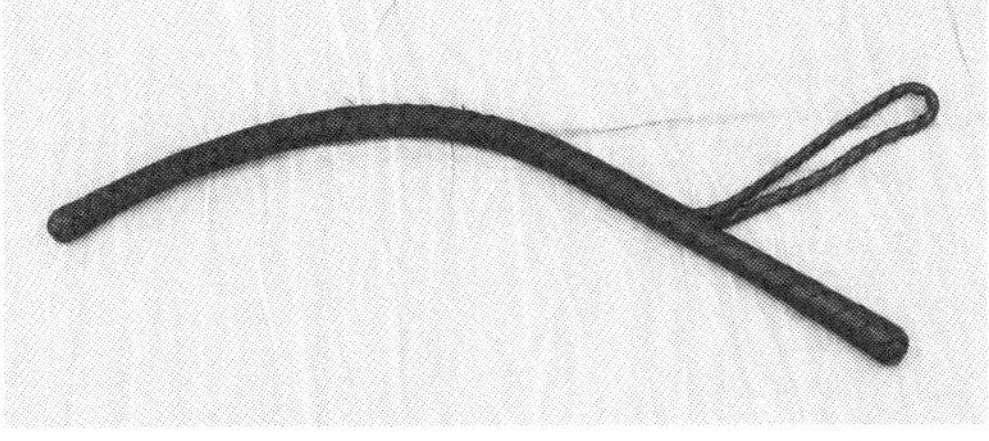

ミカエル・リャブコからもらったムチ。

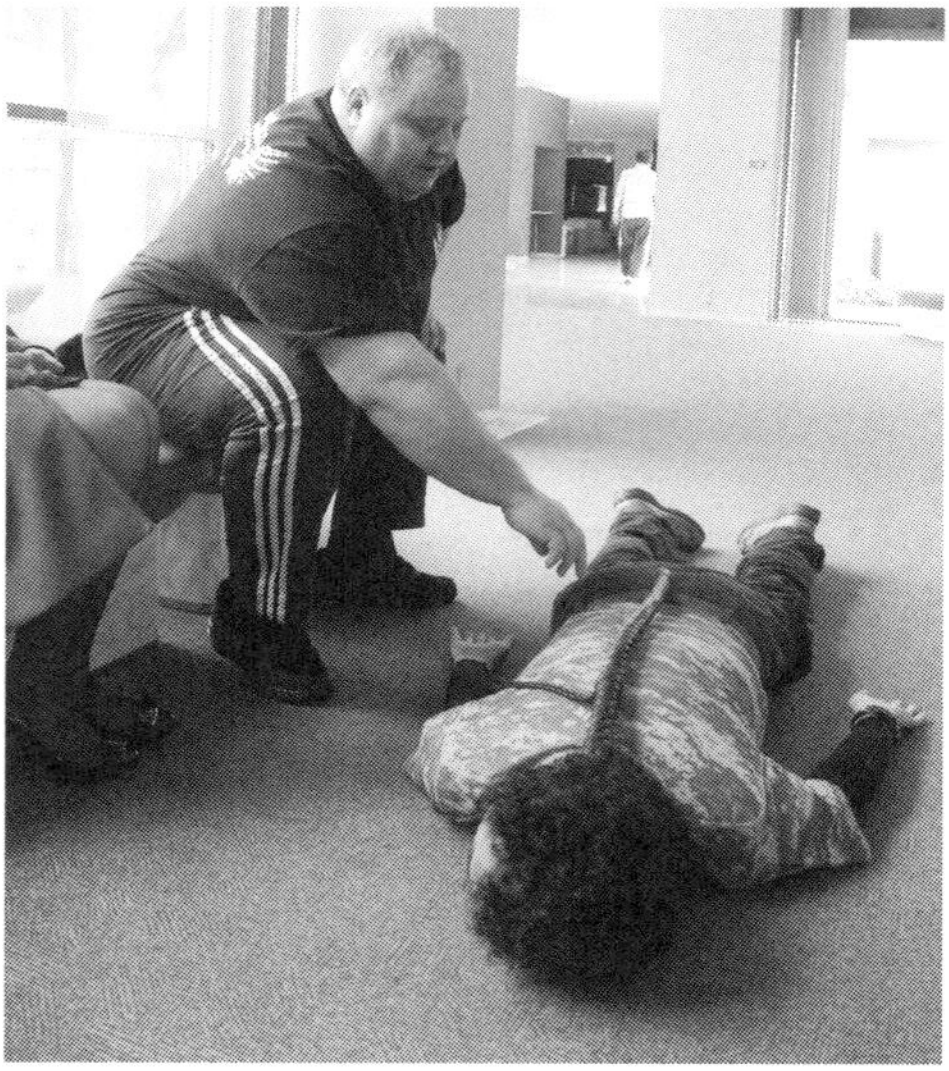

ミカエルにムチでバチバチと叩かれる！

てる伊藤さんが「保江さんが欲しがってる」と話をしてくれて、もらえたのです。だって僕、これでリャブコ先生に背中をバチバチ叩かれたわけだから、もらえる権利があるかなと思って（笑）。

北川　それを持ってきていただいたのですね。これは貴重です。あのときは、「あっ、保江先生だ。凄い人が来たぞ!?」と思ったら、ミカエルがいきなり寝かせてムチで叩き始めたから、もう唖然とするしかなくて（笑）。

保江　そうそう。初対面でムチ。しかも、ホテルのロビーに入ってすぐ、まだ『月刊秘伝』の編集者が僕を見つける前で。僕から見たらリャブコ先生だとわかりますけど、向こうから見たらその辺の参加者は全部一緒ですよね？　こちらから遠巻きに見てたら、何となく目が合って。「あれ、呼ばれてるな」という気がしたので、近づいて「今日呼ばれてる保江です」と。そうしたら即「じゃあ、うつ伏せになって」と言われました。最初「これ、何されるんだろう？」と思って見たら、ムチ（笑）。あれはビックリしました。

北川　そのとき、ミカエルが叩きながら「内臓がない」と言い出したのですよね。その後で大手術なさったと聞いて、「ああ、このことか」と。

保江　そうですね。大腸を半分切ってますから。

北川　ミカエルはそれに気づいて、ちょっとムチで足した、と。

保江　そう。リャブコ先生に入れてもらいました。

北川　私もミカエルにムチでバンバン叩かれたことがあります。上半身が内出血で真っ黒になって、それで身体が変わってレベルアップした感じがあるのです。ただあのときは、「初対面の保江先生に何てことを」と思いましたけど（笑）。それで、昼間から一緒にビールを飲んだり。

保江　そう。リャブコ先生が飲んで、日本人が誰も飲まないから、これは失礼だろうと思って僕も飲んだのです。あれは美味しいビールでしたね。素晴らしい経験でした。あのときの対談で、僕が隠遁者様に教わったカトリックの活人術と、ロシア正教に由来するシステマの共通点について、少しお話しさせていただいたのですよね。

実地の工学的知恵、拳銃のリャブコ・カスタム

保江　リャブコ先生は軍人で宗教家ということですが、理科系の知識はどこかで学ばれたのでしょうか。

北川　若い頃から軍隊に入っていたので、そこで医学的なことや工学系のことなどをいろいろと学んだそうです。

保江　そうすると、軍隊の中での教育である程度習ったという感じですかね。

北川　はい。軍の中に工兵とかがありますよね。だからミカエルは、そちら方面の知識もあって、ピストルとかのカスタマイズがめちゃくちゃうまかったのです。銃にはスプリングやハンマー（撃鉄）など、いろいろな部品がありますが、それぞれ精度の差や部品同士の相性があったりします。それらをいい感じで取り替えて、弾丸の飛距離とか命中精度を上げるのが凄く得意だったのです。

保江　へえ！　ということは、やはり理科系の素養があるからでしょうか。

北川　はい。清掃などのための簡易分解、フィールド・ストリップならともかく、それ以上バラして組み立てたりするのは、変なことやったら壊れてしまいますからね。それで同僚とか先輩とかが皆、ミカエルのところに銃を持ってきてチューンナップしてもらっていたそうです。

保江 周囲のプロたちからも信頼されていたのですね。材料と構造に関する知識、個体差を目や指などの感触で捉えて、それを組み合わせるセンス。そういう意味では、先ほどの鎌倉時代の刀鍛冶と重なる部分がありますね。

そうすると、リャブコ先生はロシアの工科学校とかを卒業したわけではなく、軍隊で全部そういう知識も身につけたわけですね。

北川 そうです。軍隊のカリキュラムで教わった範囲でわからなければ、専門家に聞きにいったりもしたと思います。そういうミカエルの銃関係の知識は、日本ではあまり伝わっていないかもしれません。ミカエル自身「使わない人には、その知識を教えない」という感じでしたから。日本人は銃を持てないから、教えても仕方ないというのは当然ですね。

保江 先ほど拝見した拳銃の扱い方でわかりましたが、北川さんはわりと自分から銃のことを教わりにいったのですね。ただ与えられるものを待って、それを練習するだけではなくて。

北川 はい。ただミカエルはやはり「銃を持ってない人に銃器の使い方を教えても仕方ない」というスタンスだったので、基本的なことを軽く教える程度でした。ディスアームの技術とかは学びましたが。あと学んだのは銃を持つ際の基本的な心構えとかですね。もっぱら銃器について学んだのは、コンスタンチン・コマロフら、実戦経験のある他のインストラクターです。それで足りない部分は、横須賀基地でガンインストラクターをやってる山寺圭さんにも学びました。

銃口と同じく、拳先が常に相手を捉え続けているから、すぐにストライクを打てる。

システマは銃を使う方法も含まれている。銃口は常に相手を捉え続けていることが大切。

Chapter 5

宗教的悟りと究極の護身術

己の限界まで挑むから、その先の世界が見える
――マジックと超能力

北川　保江先生は、マジシャンというよりも超能力者といえるような方との親交が多いと思いますが、どこまでがマジックで、どこからが超能力だと思いますか？

保江　それは簡単なんですよ。物理学で説明できないことをやったら超能力、物理学で説明できることを駆使してやっていればマジック、と僕は思っています。僕の知り合いのバーディーさんは、もう本当に超能力者です。月に1回、神戸にある彼の店に飲みに行っていますが、この前、面白い話を聞きました。長谷川さんというプロボクサーがいましたよね。

北川　ＷＢＣ世界３階級制覇の長谷川穂積さんですね。

保江　これは長谷川さん自身が公言した話なんだけど、彼が世界チャンピオン戦に挑む前に、バーディーさんに催眠術をかけてもらったのだそうです。「あなたは世界チャンピオンになる、勝てる」と。もちろん長谷川さんは半分は冗談だと思っていた。でも、かける側のバーディーさんは真剣にかけて、長谷川さんは勝ってチャンピオンになった。それで後日、バーディーさんが「自分が催眠術かけたから勝っただろう？」と言って、そうだったなということで、それから彼はいろいろなイ

ンタビューで「催眠術をかけられていた」と話しています。

そうやってバーディーさんが自慢げに言うから、僕は「それって薬物によるドーピングと一緒で、ひょっとしてバレたら取り消されるんじゃないの？」と聞いたのです。そしたらバーディーさんは違うと言う。「いや、絶対取り消されません。催眠術についてそういう議論があったとき、アメリカの催眠術師たちがいろいろやってみて、検証されてるのです。一番わかやすいのが、生まれつきの音痴で人前で歌えない人の例です。そういう人に『あなたはプロの歌手で、見事な歌いぶりなんです』と催眠術をかけると、本当に堂々と見事に歌います。ところが、音程だけは変わらないのです」と。

北川 能力は変わらないのですね。

保江 でも、本当に堂々と、あたかも見事に歌ってるかのように歌えるそうです。バーディーさんいわく、催眠術というものは、本人が生まれつき持っている能力の範囲内のことしかできない。もしそれを超えて、音痴だった人を改善できたらドーピングだと。だから長谷川さんも、本来持ってる力で勝てただけです。

北川 本来、世界を獲る力を持っていたということですね。

保江 そう。だから僕は「なるほどね、そりゃそうだね」と言いました。

北川 普通の人は100パーセントのうちの本当に10パーセントしか力を出せていない。その隠された90が出せるようになるだけで、120パーセントまでは出せない、と。

保江　そう、それが催眠術なのです。そして、バーディーさんのレベルになると、もう言葉もいらないのです。その店に入ったきた時点でもう催眠術をかけられてる。だから「トランプの好きなカードを選んでください」と言って当てるわけです。でもそれは、もうすでに「ハートの7を選ぶ」という催眠術をかけられている。

北川　選ばされているわけですね。私の知り合いにもKiLa《キラ》さんという人がいて、到底理解できない凄いマジックをやるのです。

保江　その人は超能力者なんですか？

北川　本人は「超絶技巧」と言っていますが、本当に凄いですよ。いろいろなマジックをやるのですが、それを手の反対側から見せてくれる。それでもタネがわからない。でもあくまでも「超絶技巧」であって、超能力ではないと言っています。でも影武流《けいぶりゅう》合氣体術の雨宮宏樹先生の腕時計がいつのまにかKiLaさんの手元にあったり。相当なレベルまで感性を研ぎ澄ませた雨宮先生の腕時計を抜き取るなど、もう超能力としか思えません（笑）。

保江　本当は超能力なのではないでしょうか（笑）。ただ、バーディーさんも自分では超能力だとは言いませんよ。だって彼、日本クロースアップマジック協会の会長に奉られてるから、マジックですとしか言いません。

彼の店で僕、帰り際にお金払うときにレジ前で「ちょっとこれ浮かして」と言って出回ったばかりの新紙幣を渡したのです。まだ新紙幣の小道具は揃っていないだろうと思ってね。そしたらクシュクシュッと丸めて、スッと浮かせてしまいました。不思議なのは、揺れずにピタッと空中に止まってるのです。糸で吊ったらどうやっても揺れるのに、全然揺れない。もう見破るのは諦めてます。物理学では解けない（笑）。

北川　わけがわからないですよね。ただ、とんでもない練習量をこなすみたいですね。Kilaさんが言っていたのは、あるときは、3ヶ月間ずっと手の中にコイン入れていたそうです。こうやって（コインを手の指の外側で）動かす練習。彼がやると、もう本当に滑らかに動くのですが、そのぐらいしないと無理なんですよね。

保江　そうですね。人間業の限界までやって、その先に神業への扉が開ける。

北川　結局、武術も同じように、物理学で説明できるところから先が、やはり神業とか超能力みたいな世界になるわけですね。

保江　もう超能力と言ってしまうのが一番シンプルですよ。それに適当な名前をつけて、理屈をつけてやろうとしたら、かえって本当のことが見えなくなる気がしますから。

合気に至る必死の祈り

北川　佐川幸義先生も、もはや物理学では説明できない技を使われていたのですよね。

保江　80歳を超えた佐川先生が、なぜか大柄な門人を自在に操れた。あれはもはや超能力ですね。ただ、武田惣角や植芝盛平先生みたいな壁抜けの術のような伝説はないし、僕も見たことがないです。

北川　なるほど。武術的なもの以外の超能力はそれほど伝わってはいないわけですね。

保江　そうですね。ただ、東京物理学校、今の東京理科大を出ていらっしゃるのです。

北川　やはり理系だったのですね！　信仰の話でいうと植芝盛平先生は大本教に帰依していたことで有名ですが、佐川先生にそういう話はありませんよね。

保江　一つあります。先生もかつてはなかなか合気が掴めなくて、最後に掴むきっかけになったのは、お不動さんなのだそうです。どこのお不動さんかを教えていただけなかったのですが、多分、目黒不動だと思います。江戸時代からあって今も当時の規模で残ってるのは目黒不動ぐらいですから。先生はよく新橋に飲みに行ってらっしゃったから、目黒なら行けるかな、と推測します。

北川　不動明王は大日如来の化身ともいわれますが、元々はインドの、ヒンドゥー教の神様ですね。

日本でも篤く信仰されて、江戸を護るべく建立されたのが目黒、目白、目赤、目青、目黄の五色不動ですね。

保江　おそらく目黒だと思います。そのとき、佐川先生はお不動さんに、本当に全身全霊でお願いしたそうです。

北川　護摩焚きをされたのでしょうか。

保江　護摩焚きではなく、ご自分で参拝しての祈祷です。寺に頼む形ではなく、ご自身一人で行って必死で祈ったようです。

北川　稽古という努力を限界までやって、祈りも限界までやって、それが合気開眼に繋がったわけですね。心の底からの祈りというのはときに凄い力を生むそうです。私がかつてお世話になった霊能者も、「神伝を授けてください！　お願いします！」と富士山の山頂で、他の登山客の目線を気にせず、絶叫し続けることができれば、神の教えが降りてくると言ってました。でもそこまでする人いませんよね。もしかしたら佐川先生はそのくらいの勢いで願ったのでは。

保江　当時、本山博《もとやまひろし》（１９２５〜２０１５）先生という方がいて、世界で初めてヨガ行者の脳波を取ったり、人間の超能力的なことを科学的に研究して、結構学会から叩かれてたのです。

その方がご存命のときに僕、吉祥寺の神社の境内にあった研究所に呼ばれました。行って話していたら、「僕ね、君の先生と会ったことあるんだよ」とおっしゃる。「なぜですか？」って聞いたら、「佐川先生のほうからここに来てくれたんだ」と。その頃、全国紙に本山博先生がチャクラの研究とか、脳波計を付けて瞑想したらどうなるかを研究してることが新聞に出ていたから、佐川先生はそれを読んですぐに訪ねてきてくださったというのです。いろいろと話もして、お伝えもして、そのとき、本山先生は「佐川先生は太陽宮を使って技をする人だな」と思ったそうです。

北川 胸にある第四のチャクラ、アナーハタ・チャクラですね。

保江 そう。だからそのとき、「このままでは、ちょっと心臓に負担がかかりすぎますよ」と注意したそうです。

北川 それが結構な負担になるわけですか。

保江 はい。それからだいぶ経ってから、佐川先生がお亡くなりになった。やはり心臓の病気でした。お風呂に入ってらっしゃるときでした。だから本山先生は僕にも「君も同じようなことをするのなら、週に1回ぐらいにしなさい」とおっしゃったのです。

北川 佐川先生は、普段から信仰心を感じさせるような場面は特になかったのでしょうか?

保江 なかったと思いますよ。あと寝たきりの息子さんのお世話をされていたのもあって、信仰心が持ちにくい状況だったと思います。

北川 そういう佐川先生でも、一時期は神仏にすがったわけですね。

保江 合気を取ろうというときですね。もういつまでやっても取れないから。

北川　それはやはり、信仰心で効果があったということでしょうか。

保江　そのときはそうですね。でも元々の大東流は不動信仰ではないようです。元々は会津藩の御留技で、藩の家老だった西郷頼母《たのも》が操っていたのは陰陽師《おんみょうじ》の技だといわれている。だから今も陰陽師の中で、そういう系統の技を尾畑雁多《かりんど》さんが大阪で伝えていますよね。四方投げとか小手返しとかの名称はほとんど同じです。

北川　そうなのですね。

保江　西郷頼母が陰陽師で、その武術の部分を武田惣角に伝えたということだと思いますね。ただ、武田惣角自身に全く宗教色はなく、佐川先生によるとその辺で祠《ほこら》を見つけたらおしっこをかけたりするような人だったそうです。

北川　なかなかバチ当たりですよね。そういう意味では、信仰心は絶対必要というわけでもないのでしょうか。

保江　武田惣角は確かに壁抜けの術とか、不動金縛りの術とか、陰陽師系だからできたのでしょうが、晩年はお風呂に入るときすら小刀を持つぐらい、いつ襲われるかとピリピリしていた。そういう意味では、決して平穏な、安寧な晩年ではなかったみたいですね。

北川　稀有な達人ではあっても、人生として考えた場合に何か足りないものがあったかもしれないと。

佐川幸義先生の〝縛らない縛り技〟

北川　ところで、佐川先生の武術では、投げて固めたあとに、紐で縛って動きを封じる技などはありましたか。

保江　ないですね。ただ、棒や槍を使った固め技は使っていました。例えば、小原さんをぶっ倒して、そのまま棒で固定したり。クイッと関節の裏に通したらもう動けないのです。

大東流合気武術の佐川先生が行った棒を使った固め技（一例）を再現。

北川　代師範を任されていた小原良雄さんですね。

保江　そもそも、佐川先生は投げっぱなしは絶対されませんでした。気がついたら先生の足元に潰されてるのです。もの凄いショックはあるけれども、足元に潰されてて。それで先生がちょっと膝をこの辺に乗せる。そうするともう動けません。その後、先生が離れた後もしばらく動けないのです。2、3分したら、やっと自分で動ける。

先生が奥に引っ込まれた後、自分たちでやってみても、自分ではそこまで手足や背骨の関節が曲がりません。先生に合気の技をかけられてフニャンとなっているから、自分の可動域がいつも以上に広がるわけですね。痛いわけではないけれど、引っかかって外れなくなる。そういう技はかけられましたね。

北川　手を固めてから離れても動けなくなる技法は、堀川幸道《こうどう》先生の系統の大東流とかで見ますが、佐川先生も使っていたのですね。可動域が広がる、というのは相手に反射的な抵抗を起こさせないような触れ方をされているのかもしれません。

保江　そうですね。とにかく、佐川先生は投げっぱなしをしなかったですね。必ず潰して、膝か腕か何かでグシュッとやって、「ほら、動けないだろう」と言われてました。その後、『週刊文春』とかの取材では、カメラマンとか編集者のご希望で、写真映えするように投げっぱなしをやってみせることはありました。

北川　結構、吹っ飛ばしてる写真はありますよね。あれは見た目を派手にするために、わざとされていたのですね。

保江　はい。でもああいう投げっぱなしは本当に、マスコミで少しお名前が知られ始めてからですね。それより前はありません。頭の中では「うわー、ぶっ飛ばされた！」と思っていても、気がついたらいつも先生の足元なのです。だから、畳1畳の間でタコ踊りさせられてるわけです（笑）。

北川　本来の武術的にはそうなのでしょうね。放り投げて距離が空いてしまったら、相手が自由になってしまいますから。

保江　システマには、捕縛術みたいなものはあるのですか？

北川　日本の古武術のような、決まったやり方はないですね。いま動いてる相手を動けなくするのが第一の目的ですから、手とか首とか出っ張っているところに引っかけて引きずり倒して、とりあえずグルグルと巻く感じです。紐も、その場にある何でもOKだから、ネクタイでも何でも使います。

保江　そういえば、ロシアのランボーといわれる映画『フリント』を観ていたら、確実にシステマでした。その辺の電話線とか使って倒したり、それで縛って動けなくしたり。とりあえずその辺にあるものを全部利用していて、見事な映画でした。

北川　『FLINT　フリント・無敵の男』（2011年、ロシア）と、続編の『FLINT　フリント・怒りの脱出』（2013年、ロシア）ですね。あれは　テレビドラマシリーズとして製作されたものなので、結構長くて、それぞれ3時間半ぐらいずつあります。

保江　僕はＤＶＤで観たのですが、長いと思ったらテレビシリーズだからですね。しかし、ロシアに行ったら、あの主人公はヒーローではないですか。

北川　ファンからは、「次に『エクスペンダブルズ』シリーズに呼ばれる男」みたいに言われていますね。

緊縛による皮膚感覚と精神の拡張

北川　縛るといえば、緊縛術の話があるとおっしゃっていましたね。

保江　そうなのです。先日、若者をアドベンチャーに駆り立てるという雑誌『アドベンチャーキング』の女性編集長と3時間ぐらい喋って収録したのです。その編集長がシステマ東京の動画を見て、「イコンの手」を知っていた人です。

そのときの号のテーマが「覚醒」で「覚醒するために冒険しよう」という話だったのです。僕が「女性が覚醒するなら緊縛です。縛ったらすぐですよ」と言ったら、編集長が「自分も縛られたい」

と言い出して、緊縛師を紹介することにしました。

北川 この『アドベンチャーキング』は、ファッション誌みたいにオシャレな雑誌ですね。やはり、このような新しいことにチャレンジする方は違いますね。

保江 そうですね。その緊縛師は加藤久弦《ひさのり》さんといって、元々はムエタイをやっていて、その後アメリカに渡って、金網デスマッチとかもやっていた方です。最近は、靭帯を使った達人的運動理論の書籍『靭トレ』(2024年、BABジャパン)を出されました。

加藤さんは日本に帰ってきてから、古流武術、主に古流柔術の道場を転々としていたそうです。そのうちの一つの流派の先生が「武術とか格闘術では生活が安定しないから、これで生計を立てなさい」と言って緊縛を教えてくれたのだそうです。

その流派に代々伝わる縛り方なので、元々は犯罪人とか敵を捕まえたときの縛り方なのですが、それがだんだん、人の体の捻じれとかを見て調整するような方向に進化したのです。要するに生体運用の技術の一つとして、こう傾いている人はこの方向に縛って、というふうに。これによって、ヨガや瞑想よりも簡単に、意識が覚醒するのです。現代は犯人を捕まえて縛ったりはしませんから、主にその目的でやっているそうです。

そのあたりのことは、書籍『縄結いは覚醒の秘技』(保江邦夫・神尾郁恵共著、明窓出版)に書きました。

北川　それは面白いですね。筋膜リリースやストレッチの要素が複合的に入っていそうです。縛ることをとことん追求した結果、宗教の修行と隣接した領域が開かれたわけですね。

保江　僕のオフィスに加藤さんを呼んで、女子大の卒業生を縛ってもらったこともあります。別に男でも女でもいいのです。だからその日は、とある格闘家も縛られてました。やはり効果がありますよ。もし必要なときはいつでもご紹介します。

北川　ちょっと興味あるかも（笑）。キネシオテープとかで体を調節するメソッドがありますが、それを縄でやるような感じでしょうか。

保江　そうですね、スポーツマンで腕とかにテーピングをしている人がいますが、あの系統の技術だとはいえます。ただ、彼の流派は麻の縄が非常に特殊で、代々使っているドロドロした液体に漬けて煮るそうです。それを綺麗にして、また何度も塗って。だから麻紐とは思えず、木綿よりも柔らかいぐらいです。

北川　麻紐や麻縄というと、ザラザラしてる印象がありますが。皮膚を傷つけないようになってるのですね。

保江　ウナギのタレみたいに注ぎ足していく、特殊な液体で煮込んで柔らかくしてありました。僕も触らせてもらったけど、麻だとは全くわからなくて、「ひょっとしてこれ絹かな？」と思うぐらいです。

北川 そんなに柔らかくなるのですね。

保江 自分という概念を出してるのが皮膚なのです。皮膚の内側が自分、外側が外界。ところがその紐で縛られると、皮膚の感覚がなくなる。自分と外界が一繋がりになる。だから、一度その紐で加藤さんに縛られたら、病み付きになるのですね。それ以外の方法では、皮膚感覚に閉じ込められてる自分というものをどうしても破れないから、やはりその紐で縛られたい、と。

北川 確かに、皮膚というのは結構キーワードですよね。自己と外界の境界であり、脳を持たない単細胞生物であっても、皮膚に相当する細胞膜だけで栄養を取り込んだり、外界の刺激つまり敵から退避したりしています。生存のための判断は、皮膚でやっているわけで。

システマでも、皮膚を消すリラクセーションがあります。それをやると自分と外界の境界がなくなって、溶けてしまったような気になります。私もモスクワで一度教わったきりなので、システマインストラクターでも知ってる人はほとんどいないと思いますが。

保江 受精卵が1個からだんだん分割して発生していくときに、最初に平たいホットケーキみたいな形になる、それが皮膚なのですよね。まず皮膚が最初に発生して、その皮膚のホットケーキの真ん中にしわが寄ったのが脊椎、中枢神経系になる。だから、神経よりも皮膚のほうが早いのです。神経とか他の臓器は半分以上なくなっても何とか生きていられるのに、皮膚だけは3割が限度。3割以上皮膚が消失したら、もう生きていられない。だから人間は皮膚を下等なものだと思いがちですが、本当は凄く重要なキーなのですよね。

北川　まさにそうです。人間は脳を発達させたので、その大きな脳を使って判断しようとしてしまいますが、元々は生物に脳は必要がなくて、皮膚で判断して生きてきたわけですよね。それで情報処理の量が増えたことで、情報を取りまとめる中枢神経系が生まれた。こうして言葉を使うにも大脳が必要ですからね。

保江　武術の世界だって、本当は皮膚が大事です。だって触れ合うのは皮膚と皮膚ですから。佐川先生も「合気って何ですか？」と僕らが質問すると、ポロッと答えてくださることがありましたが、その中で一番印象深いのが、「皮膚の1枚下の感覚の技だよ」という答え。そのときは「何をおっしゃっているのだろう？」という感じで全くわからなかったのですが、今は何となく、これは重要な教えだったのだろうなと思います。だから緊縛されたら技も凄くなるような気はするのだけど、何か僕は縛られたくなくて（笑）。

北川　さすが佐川先生ですね。中国武術の「聴勁」しかり、触れることは武術で非常に強力です。それは、武術が皮膚で相手の情報を奪い、こちらの情報を与えないという情報戦だからですよね。その1枚下というのは、かなり高度な情報戦をされていたのだろうな、という気がします。ぜひ保江先生も縛られてみたらいいと思います（笑）。

感覚を鋭敏にして、時間や空間との繋がりを掴む

保江 皮膚感覚で思い出しましたが、システマの映像を見ていたら、「暇なときにナイフを素肌に当てるようにしろ」というのがありました。あれはリャブコ先生がそうしなさいとおっしゃったのですか？

北川 はい、ミカエルの教えです。

保江 木製やゴム製の模擬ナイフではなく本物の金属の刃物に触れることで、敵の刃を怖れなくなるという理由は思いつきますが、もっと別の理由もあるのでしょうか。

北川 まずロシアでは「聖水式」といって、1月に冷たい水の中に飛び込む行事があります。教会の儀式でも聖水が悪いエネルギーを洗い流すという、日本の禊《みそぎ》のような発想があります。これと同じような効果を、金属が持っていると考えるのですね。金属も冷たくてずしりと重いという、水に近い感触があるからだと思います。

そこから、「金属を当てておくと、悪いエネルギーを吸い取ってくれる」ということになるわけです。

保江 なるほど、禊ですか。

過去のトラウマが浮かんだ場合は、頭の後ろを手でパパッと払う。

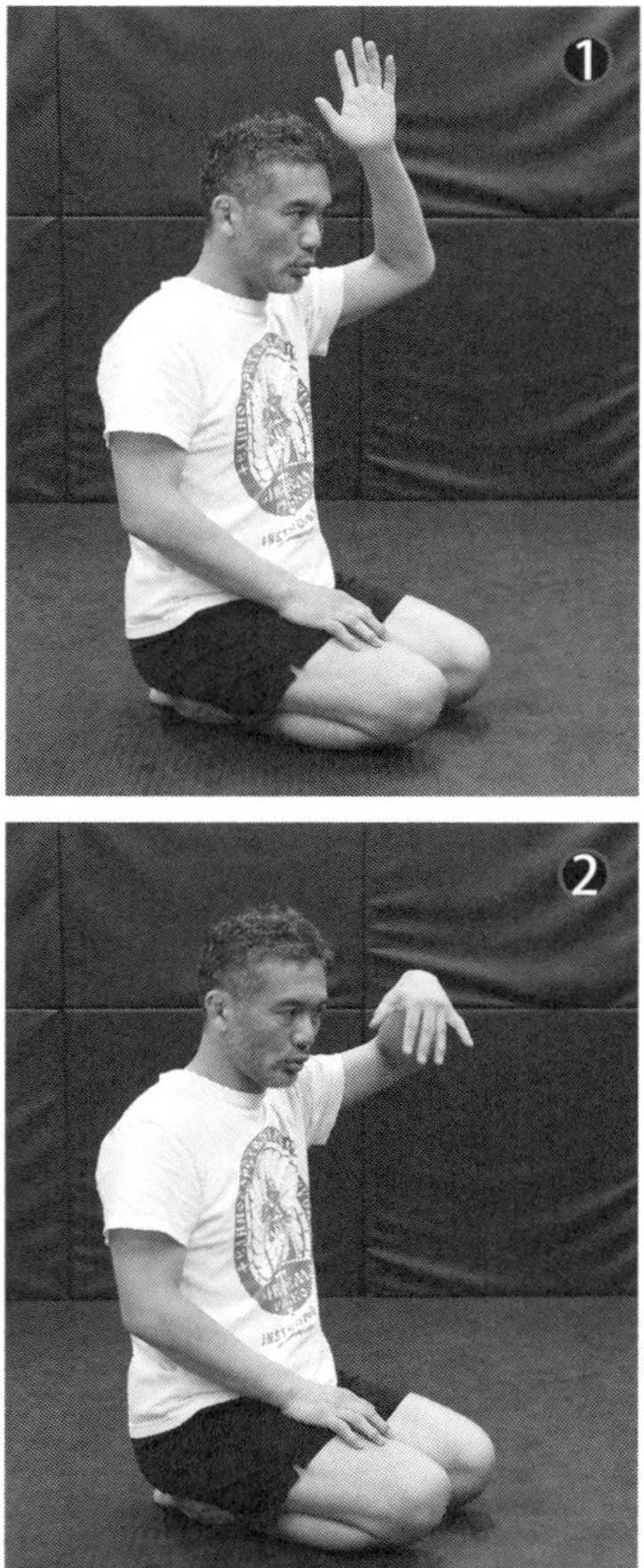

未来の不安が浮かんだ場合は、頭の前を手でパパッと払う。

北川　あとロシア人には、思考が「自分の外」にあるという考えがあるようです。だから悪い考えが自分の中に入ってくるのを切るのです。だから、悪い考えが出てきたら、パパッと手で払うだけでそれは出ていく。先行き不安なら前を払って、昔のトラウマとかだったら後ろを払います。

保江　未来は前で、昔は後ろなんですね。

北川　そうです。こうやってパパッと手で払うのです。

これは対人の攻防にも応用できます。相手の攻撃の意思を取ってしまうためには、その攻撃の意思は「これから殴るぞ」という、当人の前の空間にあるので、それをパッと手で掴み取ってしまうのです。

保江　なるほど。それで、空間を手で払う動作なんですね。

神道も未来のことを何かするときは同じです。皆さんに知れ渡っている拍手《かしわで》は前で拍《う》ちますよね。でも、過去を振り切るときは後ろで拍つ。これは全然知られていないので、ここで言ってしまうとまずいかもしれないですけど。

北川　そんな共通点があるのですね。手を叩くと、その音で意識がリセットされて恐怖心がなくなるから、例えば敵地に突入するときでも、少し勇気が出ることを教わりました。手を叩くと、この両方の掌が合わさったところから恐怖心が出て行くのです。

保江　なるほど。自分の前だから、自分のこれからのことに対して怖れる気持ちを捨てるわけです

ネガティブな思考を手で払う方法は、対人でも応用可能。上記は、相手が攻撃の意思を持った瞬間にそれをパッと手で掴み取り（❶〜❷）、居着いた相手にストライクを打った例（❸〜❻）。

ね。

北川 保江先生とお話しして、ミカエルに教わったいろいろな不思議系のワークを結構思い出してきました。

保江 リャブコ先生は、「システマとは何か」を述べる課題をインストラクターになるときの試験でも出していたそうですが、それは今でもそうですか？　それともこれは結構知れ渡ってしまいましたから、もう試験問題にはならないのですか？

北川 口頭試験での質問は毎回違いますが、やはり傾向はあります。先日、ヴラディミアが新設した「ブリージングインストラクター」の試験を受けたのですが、やはり「システマの呼吸法をシステマを知らない人に説明してみよ」でした。だから私は今でもその質問の答えを考え続けています。

「システマとは何か」を初めての人にもわかりやすく伝えるとなると、相手によって説明の仕方は変えます。だからこの間、ヤクザ映画の監督とお会いしたときには、戦闘や銃のこととか、倒すだけでなく自分もしっかりとサバイブ（生存）する、といった説明をします。

体の調整を求めてる人には、「癒し」とかの言葉で説明します。おそらく現時点では、それが一番システマをわかりやすく伝えられるかな、と。

保江 リャブコ先生は「敵を癒やす」とおっしゃっていましたね。「敵と友達になる」と言った武道家はいますが、「癒やす」とまで言ったのは革新的だと思います。システマでは、これは単なる宣伝文句ではなく、実技の面からも合理的なのだそうですね。

北川　例えばパンチを打つとき、「これはマッサージだ」と思って打つと自分の無意識のリミッターが切れます。そして人体は刺激に対して皮膚レベルで抵抗があるのですが、それがなくなるのです。相手の緊張がある場所を打ってあげるわけですが、打つべき場所は見ればわかります。

僕は野口整体を学んで、相手の体の悪いところに自然に手が行くようになりましたが、システマを学び始めて「あ、これは整体と同じだ」と気づきました。

体を作るためには食べなければいけない、わけではない!?

保江　リャブコ先生というと、あの丸々とした体型のイメージが強いですよね。

合気道だったら植芝盛平先生、システマだったらリャブコ先生というように、武術は創始者の姿のイメージが残っていくと思いますが、リャブコ先生は写真や動画だと「大きく感じる」けれど、実際お会いしてみると身長はそれほど高くないのですよね。あの体型も、ただお腹が出ているわけではなくて、何かが満ちて丸く張っているような感じ。普通は達人というと細く鋭いイメージがあったりするけど、それとは全く違って。

北川 身長は私より少し高いぐらいで、170センチ台前半ですね。それで、食べる量はかなり少ないのです。私は一緒に旅行とかもしていますが、ラーメン1杯を食べられないのですよ。誰かから「日本に行ったらラーメンを食べろ」と言われたらしく、一緒に食べに行ったことがあります。でも一人前を食べられなくて、奥さんと分けてました。

保江 それはまた意外です。お酒のほうは結構飲まれたのですか？

北川 いえ、それほど飲まないのです。奥さんは飲むのですが。ただ、奥さんも普段は飲まなくて、飲み会でもずっと紅茶を飲んでいます。紅茶の中に砂糖は入れていますけれども。

保江 リャブコ先生も紅茶に砂糖を入れるのですか？

北川 砂糖を入れます。ロシアだからというのもあると思いますが。

保江 超能力者というのは、大量の糖分を摂るらしいのですよ。脳には糖分しか栄養が行かないからでしょうね。気功とかの超能力的な施術をする人、脳の特殊な部分を活性化させるような人は、みんな甘いものを食べますね。

北川 そうなのですか。確かにプロ棋士たちは、凄い量の甘いものを食べますよね。

保江 少食という話の繋がりだと、食べ物をほとんど食べない人もいますよね。僕も一人知っています。高知にいるその人は一切食べていないし水も飲んでいない。ただ、ＵＦＯにさらわれたのが原因というから、やや特殊な人かもしれません。しかも睡眠も取りません。普通、睡眠を取ってないと目がギラギラして変な感じになりますが、全く穏やかなままです。しかしリャブコ先生も、あまり食べずにあの体を維持していたのですね。

北川　ラーメン1杯も食べられなかったのは、単純に口に合わなかっただけかもしれないですけど（笑）。しかし十何年かずっと大体毎年一緒に旅行していましたが、ミカエルがバクバク食べてる姿はあまり見たことがないですね。私よりも少食なぐらいです。

確かに宗教家とか霊力がある人は、意外に太った人も多いですよね。有名どころでは大本教の出口王仁三郎もふくよかなイメージがあります。

保江　そうですね。江戸時代の有名な力士も、それほど食べていなくても、ある程度デブッとしていたそうです。それで後世になって、あのような体が必要だと思われて、力士がどんどん食べるようになった。それは多分間違いで、自然に強くなってくると体もある程度大きくなるのではないかと思います。リャブコ先生みたいにね。

北川　それと霊的な力が高まると、常人にはわからない痛みやストレスが増えるそうです。肥田式強健術の肥田《ひだ》春充《はるみち》（１８８３〜１９５６）先生も、変な未来が見えてしまったそうですよね。

遠くの人の痛みを感じてしまうのは、感応能力が高いからです。そういうことから自分を守るために体力をつけるということはあるようです。ミカエルの場合は、戦争の後遺症があって太ったという面もありますが。

保江　リャブコ先生の意外な一面が聞けて嬉しいです。他にもそういうエピソードがあったら教えてください。

北川　武術の達人になると聖人君子になる、という話はよくありますよね。でも、ミカエルは本当に人間臭いのですよ。だから本当に「人間」になるのだな、と。だから結構涙もろくて、「不良だった人がシステマをやって立ち直った」という話を聞いたらとても喜びます。また、長く一緒にいて可愛がっていた弟子が離れたりすると、「何か俺、悪いことしちゃったのかなぁ……」と落ち込んだりします。

保江　へぇ。結構そういうところがあるのですね。

北川　ミカエルはある時期に〝ニュー・スクール〟という、より内面的なことをやろうと言い出して、システマのやり方を変えたのですが、離れていく人が結構いて、落ち込んだのです。「何か悪いことしたのかな」と言うから「いやいや、そのやり方でいいと思うよ」と、みんなで寄ってたかってミカエルを慰めていたり。

保江　意外に「気にしい」なのですね。いい話を伺いました。

北川　それと、日本に来ても絶対に時差を直そうとしない。時差ボケを直そうとしないのですよ。

モスクワと日本だと6時間の時差がありますが、日本でもずっとロシア時間で起きたり寝たりしています。「直す気ねえな、この人」って（笑）。

あと、いろいろな場面での交渉の仕方も、結構ミカエルに習ったというか、見て取りました。結構無茶振りが多いのです。例えば、ロシア時間で行動するから、午後4時ぐらいに「昼食を食べたい」と言い出すわけです。でもランチタイムとディナータイムの間だから、どこの飲食店も営業していません。でも、とりあえずやりたいことは言うのですね。こちらが「いやいや、ダメだよ。こんな時間はどこもやってないよ」と言うと、結構すぐに引っ込めるのです。「じゃあ、しょうがないか」という感じで。とりあえずダメ元でオーダーを出して、ダメなら引っ込める。

保江　なるほど。サッと引っ込めてしまうのですね。

北川　もう、とにかく自然体ですね。それが通らないなら通らないで、別にこだわらない。「そうなんだね」「はいはい、わかった」という感じです。だから私も、いろいろな人にお願いするときとか、何かやるときに「ダメならダメでいいや」という感じでやるようにしています。そういうのも今の人生に役に立っていますね。

保江　それは生きていく上で、結構重要なことですね。最初から何も言わないわけではなくて、言ってみて、やはりダメなものはすぐ納得する。

北川　そこでゴネたりはしません。ただとにかく、思いついたことは全部言ってみるのです。

保江 なるほど。「こだわる」という言葉は最近はポジティブな意味で使われますが、元々はあまり褒め言葉ではないですからね。

物の理を知って日常と技に活かす

保江 リャブコ先生は、踊りを踊ったりはされたのですか？　リャブコ先生はコサックにルーツを持つそうなので、コサックダンスとか。

北川 踊りはやらなかったですね。コサックダンスも「あれは膝にあまりよくない。ああいうのは踊りのプロがやるものだから」と。「やる当人がシステマに役立たせることができるならいいだろうけど、膝には悪いよね」ということだと思います。

保江 なるほど。

北川 踊りに近いものといえば、シャシュカ（騎馬刀）を回す動きがYouTubeで出てきます。ただ、あれはデモンストレーションであって、ミカエルの教室では意味合いが全然違います。関節を柔らかくする動きとして、私も一通り教わってはいますが、実際の用法は全く違います。

私もシャシュカを持っています。ただし、コスプレ用のレプリカです。刃のついた本物の剣を日本で持っていると捕まってしまいますからね。

保江　シャシュカは常に片手で持つようになってるのですね。

北川　そうです。日本刀と違って柄が短いので、片手でしか持てません。馬上刀なので、もう一方の手は手綱を持っていますから。でもスッと持ち替えて、どちらの手でもしっかりと使えるようにしろと教わりました。

保江　なるほど。馬上だから、右手でも左手でも使えないといけないのですね。

北川　そうなのです。最近は僕も乗馬をやりますが、馬は結構な勢いで走るから、そのまま当てるだけでバツンと切れます。首が飛ぶだろうなというぐらいの威力になるのです。僕はまだそこまでできませんが、うまい人がやってるのを見るとヤバいです。

保江　シャシュカには鍔《つば》がないのですか。

北川　ごく小さな鍔だけですね。柄頭はイーグルヘッドと呼ばれる、鳥の顔のようになっています。切り結んで、相手の剣を鍔で受けるという発想が薄いのでしょう。シャシュカ回しは、お祭りの振り方だとエンドレスでくるくる回ります。システマとしてはそのように回して、肩をリラックスさせる練習があります。

保江　何だか、〝自分の周りの悪いものを切り落としている〟ようですね。そう考えると、これが踊りだといえるかもしれません。清めの、祓《はらえ》の剣。日本にも祓い太刀があるから。僕から見ると、これは祓の舞です。

北川　ありがとうございます。

システマは演武がない、というか、見せるためのフォーマットがありません。そのため、映画（坂本浩一監督『英雄傳』）に出たときもそれで苦労しました。〝システマっぽいアクション〟を一から作っていった感じなのです。

保江　例のロシアのランボーともいえる『フリント』のアクションでは、主人公が最初からその辺のタバコとか電話機とか、何でも見事に使っていましたね。隠遁者様もそうだったのですが、日常にあるその辺のもので、武器として使えるものを日頃から作って置いておくわけです。だから僕もいろいろ持ってるのですが、だいたいホームセンターで手に入るものなので、もし職務質問を受けてもそう問題にはならないです。

これは二つの懐中電灯を紐で繋いで、ヌンチャクにしてあります。これをベッドのところに置いてあります。夜に電灯として使えますし、光で目潰しにもなる。

これなんかは単なる食事用のフォークですから、警察も文句のつけようがありません。ただし、ハンドルが木のタイプです。ハンドルも金属製で持つところが細いフォークだと、武器としてしっかり握ることは難しいのですが、木製ハンドルだと握りやすい。

木製ハンドルのフォーク

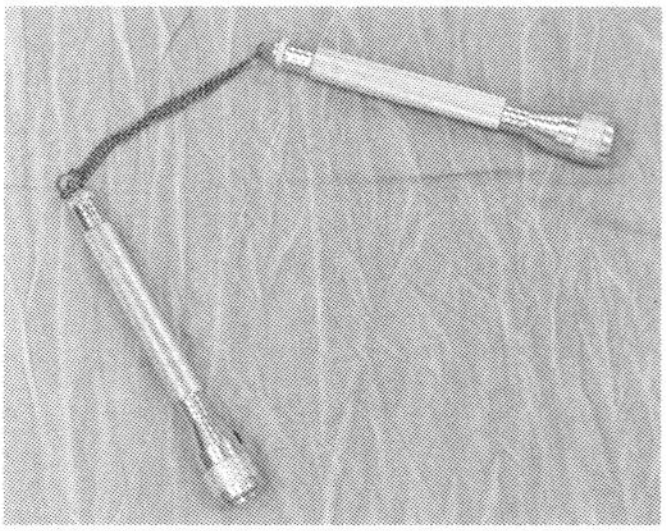

懐中電灯ヌンチャク

北川　そして手が滑らないですね。金属だと滑ってしまいますから。

保江　そうです、そうです。

それから、普通のダーツも意外に武器として使えます。投げてもいいし、持ったまま使ってもいい。

北川　ダーツは普通に刺さりますからね。羽根が付いていてバランスもいいですし。

保江　単なる市販のダーツですから、もし職務質問されても「趣味です」と言えます。

だからとにかく隠遁者様は、「身の回りにあって、誰でも手に入るようなもので武器や防具を準備しておきなさい」というお考えの方でした。

北川　そういう意味ではシステマも、何でも使います。長いものも短いものも。刃物もムチも、鎖でも何でも。確か『フリント』の主人公はスパイクツール、あるいはスクラッチ・スティックと呼ばれる道具を使っていたと思います。短い棒の両側に釘を打っていて、刺したり絡めたりします。

保江　それなら、ホームセンターですぐに手に入る道具で自作できますね。

北川　はい。あと、旧ソ連軍の放出品の軍用シャベルはベルトに付けて腰に下げられます。第一の用途としては塹壕とかを掘る道具なのですが、殴ったり切ったりもできます。

保江　それはいい武器になりますね。

北川　凄く便利なのです。忍者のクナイも本来は武器ではなく穴を掘る道具だといいますね。『ナルト』とかの漫画に出てくるクナイは小さくて棒手裏剣のような描かれ方をしていますが、実際は小型シャベルやナタのような使い方が多かったそうです。そのようなシャベルは、ロシア版のクナイといえるかもしれませんね。

保江　本当の武術は、日常のあらゆるものを使います。そういうものを使うときは、やはり物理学の知識がなければ、効果的に使えないと思います。

「イコンの手」の練習用に作成した「Y―バトン」も武器として使えますが、物理学を知らない人は大体、細いところを持って振ろうとします。ところが、外側が重いと威力はあっても、回転の慣性モーメントが大きいから回しにくくて、あまり速く振れません。逆に、外側が軽いと回しやすい。慣性モーメントが小さくなって、この回転速度が速くなりますから、相手が避けにくい。そのため、太いほうを持つべきなのですが、それを知らない人は細いほうを持ってしまいます。このほ

折り畳み傘だが、ハンドルがフック状になっている珍しいタイプ。

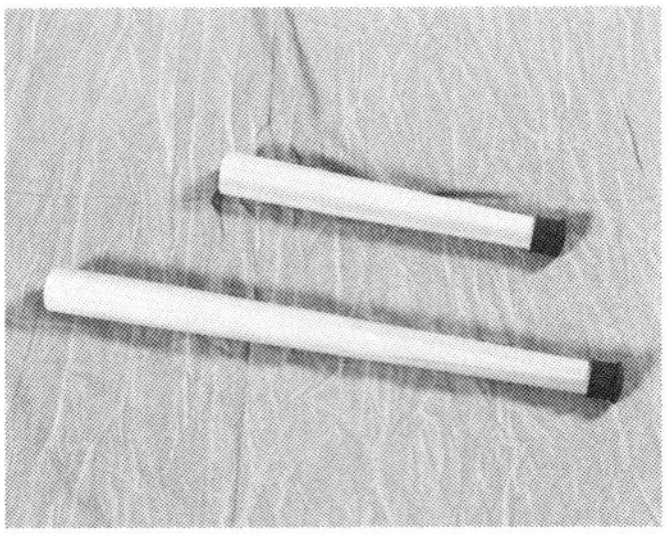

「イコンの手」の練習に最適なY-バトンは、両端の太さが異なっている。

うがガツンと効きそうだから、と。しかし、振る速度が遅くなるから躱《かわ》されてしまいますよね。

北川　そうですね。遅れてしまいますよね。命を懸けた状況で。

保江　太いほうを持ったほうが、ずっと速い。やはり物理学なんですよ。

　このイギリス製の折り畳み傘は、フック状のハンドルが気に入って買いました。ここに指を引っ掛けて振るだけで、自由に回転する勢いで打てる。これは、普通に持って手首の動きで加速させるより有利です。

北川　普通の折り畳み傘は、カバンに入れたときに邪魔にならないように、グリップはできるだけ小さくなっていますが、これは普通の傘のようになっていますね。そのハンドルの曲線を利用するわけですね。

保江　しかも重めのタイプなので威力があります。これは護身用品ではなくて、ただの傘です。30年くらい前ですが、ロンドンの店で見つけました。傘は別に持っていたけど、買ってきたのです。

北川　これはいいですね。何だか趣《おもむき》もありますし。

保江　ムチやチェーンなど、柔らかく巻き付くような武器も、物理法則を知ることが大事です。ムチがパチンと音を出すのは対象物に当たったから鳴っているのではなく、先端が音速を超えるからです。その衝撃波ですから、当たったら大変です。だからムチは扱えるといいですよね。田村装備開発の田村社長がベルトをシュッと抜いたらムチになるアイテムを作っていたから、それも欲しかったのですが。

北川　タクティカルベルトみたいなものですか。

保江　女性用のベルトなのです。変な男が来たらシュッと抜いてピシッと打つ。これを振るぐらいなら、さほど技に慣れていなくてもできるでしょう。それに、カチンとやったらすぐ取れるバックルが付いていて、よくできてる。

北川　すぐ取れるわけですね。凄い（笑）。

保江　何か、子供が互いにおもちゃを自慢し合うみたいになってきましたね（笑）。田村社長も、こんなお話ししたら喜んでいました。

北川　そうですよね。絶対楽しいですよ。

保江　一応、真面目な話をすると、実際にやってみることが大事ですからね。

物理法則を熟知していれば、チェーン攻撃を回り込んで受け流し、その威力を相手に返すことも可能。

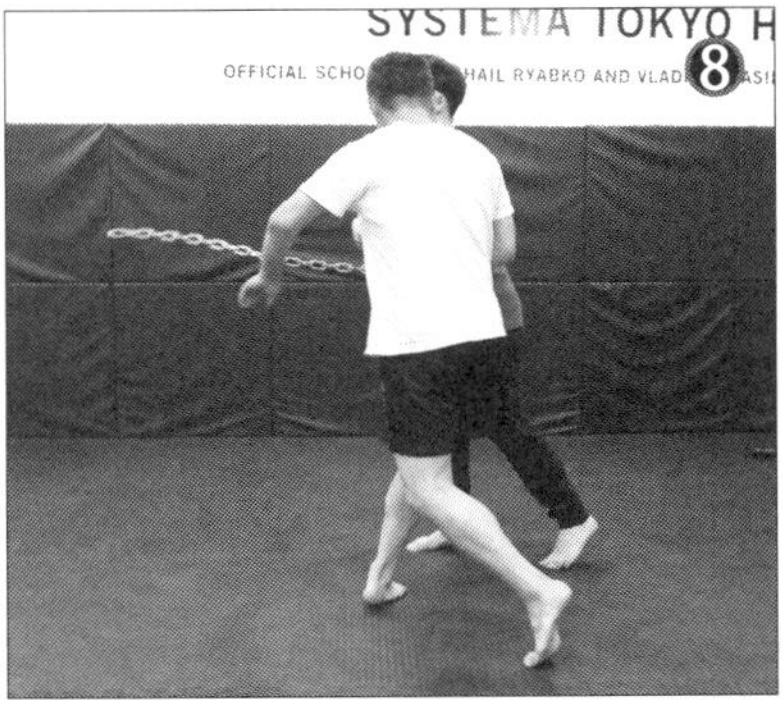

でもこういう世界はもう、面白い面白い（笑）。

エスタニスラウ神父を機関銃から救った秘密の技

北川　隠遁者様の活人術、コムニタにはあまり形式的な技や訓練法はないそうですね。

保江　はい。日本の武道のような型や練習体系、あるいは特徴的な稽古法はありません。型というものには利点と欠点がありますよね。

北川　確かに、保江先生の技を見ていると、「決まった動作がある」というより、「〝必要なところ〟に掌や拳が行く」ような感じですね。システマも「必要なところに必要なように動けること」を学びます。

中国や日本では、攻防も型にして教えますし、人体の急所も細かく名付けて経絡で体系化しています。これは多くの人が一定のレベルに到達しやすくなるというメリットはありますが、人間が本来持っている感応力を眠らせてしまうというデメリットも無視できないと思います。急所やツボは、人によって微妙に位置が異なります。だから自分の目と手で探り当てる感性が絶対に必要ですから。もちろん、型で学ぶ武道でも「守・破・離」という教えはありますが。

保江　そうですね。バルセロナの少し北の地区は、未だに独立運動をしています。1970年代にすら独立戦争をやっていたのです。隠遁者様もそのときの闘士で、ご自身も自動小銃を持って戦った。部隊で一番頼られたのが隠遁者様でした。もちろん相手の命は取らず、この活人術を使って何人もの人を助けました。そうやって銃を持って本物の戦場を駆け抜けた人だから、リャブコ先生と共通点が多いのです。

北川　その神父様が、機関銃を持った相手に素手で対応した技があるそうですね。

保江　ちょうどそれ、先日、田村社長相手に「ちょっと自動小銃構えてください」と言って、一度予行演習をやらしてもらいました。それを陸上自衛隊の特殊作戦群にいた長田部長が横から見ていて、判定してくれました。銃口からの射線で僕に当たっているか、当たってる場合はどこかを全部判定できるのです。

そこでもし隠遁者様の技を使わなかったら、もう全身穴だらけですよ。技を使ったときの判定は、「肩をかすめて当たるか、当たらないか」だったので、万が一当たっても致命傷ではない、と。僕が相手を倒すところまではやりませんでしたが、もう倒せる位置に来たから「あ、これは使える」となりました。

北川　本物の人を相手にしてそれは凄いですね。

保江　実証されました。埼玉県警の特殊部隊にいた田村社長と陸上自衛隊の特殊作戦群にいた長田部長に認めていただけましたからね。

北川　実はここに、トレーニング用の模擬ライフルを用意してあります。

かつて戦場でエスタニスラウ神父が、自動小銃を構えた相手に対して素手で応じた秘技を再現！

保江　こんなものまであるのですね！　これはＡＫ—47、旧ソ連軍で正式採用されていたカラシニコフ銃の模擬ライフルではないですか。ではこれで、やりましょう（ぶっつけ本番で実演する）。

北川　凄い!!　これは確かに当たらないですね。初見ならとても効果的でしょう。さらに背中で相手の膝まで折りにいってますね。こんな奥の手を公開してしまっていいのですか？

Chapter 6

音楽などのアートに秘められた真理

寒い国で朗らかに生きる術が込められたロシア民謡

保江　リャブコ先生は歌や音楽について、好みはあったのですか。

北川　普通にロシア民謡は大好きで、飲むとすぐに歌いましたね。

保江　そうなのですね。少し意外な気がしますが、言われてみればその様子が想像できます。

北川　率先して歌うことはないのですが、やはり皆で一緒に歌うのは凄く好きでした。

保江　ロシア民謡というと、テンポがいい曲が多いですよね。

北川　日本で知られてる曲だと、「月曜日は市場へ出かけ……」で始まる「一週間」とか、「ペチカ」とか。あと、ゲームソフト「テトリス」のテーマ曲もロシア民謡です。

保江　あれもそうなのですね。あれは考えたら旋律がボレロに近いですよね。

北川　ロシア民謡はなぜか全部マイナースケールで、全部短調なのです。

保江　温かい雰囲気で落ち着く曲調なのに、楽しげで元気が出る感じもしますよね。リャブコ先生は、いつも楽しげでしたよね。もう「人生楽しい、その場にいるのも楽しい」という感じでした。僕もムチで背中を叩かれましたけど楽しかった。楽しく温かい感じでムチを振っていました。あれは興味深い体験でした。ズシンと来ますが、それほど痛いという感覚はなくて、ちょうど心地よい感じで。

北川　そういえばヴラディミアが、身体のどこにどの音階が対応するのかを話していたことがありました。体のパーツごとに、どこがドの音で、どこがレで、どこがラで、のように音によって特定のパーツがリラックスする、という話です。

保江　それでは、ヴラディミア先生はリャブコ先生からそのような知識を教わったのですね。

音というものは、手で耳を塞いでも聞こえてきますからね。目で見るものは目を閉じれば見えなくなるけど、音は絶対に入ってきます。

北川　そうですね。耳孔から入ってきますし、肌からも伝わります。

保江　皮膚からも伝わるし、振動で骨からも伝わりますね。

北川　実は以前、一流ブランドの高価なノイズキャンセリングヘッドホンを買ったのですが、ヘッドホンは性能が上がれば上がるほど、雑音が聞こえるようになるのです。

どんどんノイズをキャンセリングしていくと、それまで聞こえてこなかった微細な雑音が気になるようになってきて。「何かこれ、まだノイズ音が聞こえるな」と思って、どんどん機材を買い足しても、それまで聞こえてこなかった雑音がどんどん聞こえてくるだけでした。「これはヤバい、これが沼か」と思って、それからは安いヘッドホンしか買わなくなりました。

保江　なるほどね！

北川　暗くなればなるほど小さな明かりが見えてくるように、ノイズもなくせばなくすほど、どんどん見つかるものなのだと気づきました。

保江　暗闇の「闇」という漢字は、門構えに音と書きますが、不思議ですよね。

北川　そうですね。光がないという意味を、音が担っているわけです。もし門構えにお日様の日と書くのなら、日が閉じ込められているということでわかりやすいのに、それだと「間」という漢字になります。

保江　そうですね。でも音を閉じ込めて「闇」でしょう。不思議ですよね。何か意味深だと思います。

北川　闇というのは、視覚的な話ではないのですね。

保江　実は、音に関わるようですね。

人と人を繋ぐ歌

北川　佐川幸義先生は、音楽の趣味はどうだったのでしょうか。歌を歌ったりされたのですか。

保江 佐川道場には佐門会という特別な門人だけの会があって、そこで年に1回、先生を温泉旅行にお誘いしていましたが、そのときに必ず宴会で全員1曲カラオケを歌わされるのです。僕はそれだけが苦痛で、何とかそのとき僕が歌えるような歌を歌ってました。でも一度怒られたことがあったのです。

僕はさだまさしの「精霊流し」を歌って、わりと上手に歌えたのです。そしたら先生は怒ってしまって。「そんな、死んだ人を送るような歌を俺の前で歌うな。何を考えてるんだ」と。それからは「青葉城恋歌」とか、そういう差し障りない歌を選ぶようにしました。

北川 佐川先生ご自身は歌われたのですか。

保江 いえ、聴くだけです。

北川 佐川先生は皆の歌を楽しんで聴いていらしたのですね。歌がうまかった門人はどなたでしたか。

保江 前林（清和）君なんかはプロ並みの歌唱力でしたね。あと高橋（賢）さんとかが「兄弟船」を歌うのです。そこで僕は「これは絶対に佐川先生に少し笑っていただかないと！」と思って、筑波大で剣道を指導している酒井（利信）君を引っ張り出しました。彼を横たわらせて、彼の脚は長いから、それを1本取ってオールにするのです。それで、船は進むものだから、少しずつ僕が引っ張っていくのです。

これで先生はゲラゲラ笑って喜んでくれて、それからは定番になってしまいました。毎回毎年、僕は酒井君の脚を持ってだんだん進んでいく、というのをやってました。

本当にそういうのは楽しそうに笑顔で見ていましたが、普段はあまりにこやかにはされていませんでしたね。やはり息子さんの病気のことがあったからか、気持ちはいつも塞いでいらっしゃった。

北川　ロシア人は宴会というと、大体ギターとかバラライカを持っている人がいて、いきなり弾き始めるのです。そうするとみんなで歌い始めて、ずっと歌っていますね。

保江　寒い土地の人は、意外と陽気な面がありますよね。南の国、例えば沖縄とかだと宴会で踊りだす文化がありますが、逆に北は北で、寒さに負けないためか、陰鬱にならないためなのか。ロシアは寒い土地だから防寒具は着ているけれど、ロシア民謡を歌ったり踊ったり、楽しげにやっているイメージがありますよね。

北川　そうですね。それで、ロシアで妙にヒットした「タカタカタ」というフランスの歌があるのです。私はタカと呼ばれていたので、ミカエルは私に会うたびにその歌を歌うのです。「タカタカタ、タカタカタ♪」と。最初に私が「タカといいます」と自己紹介したときからずっと歌ってて、そうしたら私の定番曲のようになりました（笑）。

保江　なりますよね、それは（笑）。

北川　そうすると、宴会のときに、よせばいいのにバラライカで弾き出すやつがいるのです。私がそれに合わせてコサックダンスを踊ってみたら、めちゃくちゃ受けました。そうすると私も足腰が鍛えられます（笑）。

それで、ミカエルが「タカタカタ」を歌い出すと、周りの人が変な笑い方をするのです。何か変だなと思ってよく調べてみたら、若い男の子が初めてガールハントするみたいな、そういう少しエッチな曲だったのです。

保江 なるほど、元々はフランスの歌だけど、ロシアで日本人がそんなことに（笑）。でも、リャブコ先生にそんなふうに歌っていただけてよかったですね。他の人はそんな経験できないですから。

あと今、僕が「いいな」と思ったのは、北川さんがリャブコ先生の話をされるときは、わりと過去形じゃなくて現在形で語られるところです。

人と神を繋ぐ歌

北川 先日、ラヴェルの話は出ましたが、音楽的なことでいえば、グレゴリオ聖歌もやはり何か不思議な力があるのでしょうか。

保江　グレゴリオ聖歌もそうですね。ラヴェルのボレロも、あの旋律を延々と繰り返す形式で、そのまま聖歌に使えそうです。天国に凱旋するときの凱旋曲ですから。キリスト教の聖歌とか仏教の御燈明《みあかし》を上げるときの読経などは、脳の状態を変えるのですよね。特に脳波はシータ波が増えてきます。

北川　周波数が低くなっていって、眠る直前ぐらいの状態になるわけですね。

保江　音によって変性意識状態にする方法は結構知られています。特にグレゴリオ聖歌は甲高いですね。まだ声変わりする前の少年合唱団みたいな声でやると、本当に変性意識状態になります。「イコンの手」をやったのと同じような状態に、みんなを持ち上げてくれる。

そういう意味で、キリスト教では聖歌を使うのです。それから修道院で、みんなが農業したり、掃除したり、片付けをするときの肉体的な疲労を緩和するというのは、医学でも研究されています。特にグレゴリオ聖歌には、そういう力があると。

北川　そうですね。教会は、かなり音響を意識して設計されていますからね。

保江　はい。パイプオルガンも必ずありますよね。

北川　カトリック系だとそうですね。オーソドックスでは聖歌を歌います。ヨガのマントラも、それぞれどこのチャクラに対応する音かというのがあるようですね。発声の仕方によって、物理的に体に響かせるらしいです。「これは松果体に響く」とか「これだと胸腺に響く」とか。

保江 先ほど話題に出た、超能力を科学的に研究していた本山博先生がご存命のとき、2、3回直接お目にかかったのですが、少し教えてくださいました。太陽宮などのチャクラを活性化させる音や、逆にそこを活性化させない音もあると。そういうのを一時、僕の道場でもやったことがありました。

高い音になるほど体の中の上のほうに効いて、低音だと下のほう。音程を変えて声をかけると、確かにそこが崩れやすくなるのです。高い声で「ウッ」と気合をかけながら押すと、首や肩のあたりから上が崩れて、相手の足が浮く感じでグラつきます。低い声で「ウーッ」とかけると、尻餅をつく。中ぐらいの高さの声だと、その中間ぐらい。

一時これにハマっていましたが、自分の中でブームが去ったら忘れてしまうので、さっき思い出しました（笑）。

北川 なるほど。いろいろ試されてるのですね。

保江 僕は、強くなりたいという思いは全くなくて、真理というか、どうすれば人間は崩れるのか、倒せるのか、それが知りたいだけなのです。

北川 本当に私もそうです。ただただ原理が知りたい。人間がなぜ、どうやって動いているのかを知りたいのです。

音程が中ぐらいの声で気合いを発して押すと、相手は胸や腹あたりから後ろへ崩れる。

音程の高い声で気合いを発して押すと、相手は首や肩のほうから上へ崩れる。

宗教と音程、伝書だけでは読めない秘伝

保江　宗教音楽と武術の技について、関係しそうなものを持ってきました。これは『自我偈《じがげ》』という仏教の御経です。こちらは神道の『大祓《おおはらえ》』の祝詞《のりと》。これはキリスト教の聖歌の歌集。

北川　日本人は除外しがちですが、これらも声でやる「宗教音楽」ですよね。

音程の低い声で気合いを発して押すと、相手は尻餅をつくように崩れる。

保江　そうです。御経は単なる文章ではなくて宗教音楽だから、棒読みしてはダメなのです。独特の音程の、独特の読み方でないと。しかも、書いてある句読点で正直に区切ったらダメで、そこにフェイクがあるのです。一度しっかりと先生について、その奏上の仕方を身につけてやらないと、本来の効果が出ません。

北川　この『自我偈』は随分古いもののようですね。

保江　日蓮宗の『自我偈』。これは僕が生まれた昭和26年に印刷されたものです。

実は僕、夜に寝ている間、枕元に変な生霊とかが度々来るのです。それで、比叡山の阿闍梨の方とお会いしたとき、僕が「最近ちょっと生霊に……」と言ったら、「君の家にはご先祖様を祀ってる仏壇はあるか。あるなら、もうそれで守ってくれているはずだが、君がそれをきちんと敬ってないのだろう」と言われました。それで岡山の実家に戻ったら、この『自我偈』があったのです。

北川　この『自我偈』が、身を守ってくれるというわけですね。

保江　はい。本当は枕元に置いて、霊が来ないようにするお守りです。『自我偈』は日蓮宗の御経ですが、日蓮上人も比叡山で修行しているから、みんな比叡山で修行した人なのですね。

それで、「そういえば、親父とかおばあちゃんがやっていたな」というのが、この独特の読み方です。例えば、書いてあるのを見ると「所謂諸法。如是相」で、マルの句点で切っています。しかし、これは読み上げるときには「法如是」で切るのです。

そのあとの「(如是)相。如是性。如是体。如是力。如是作。如是因。如是縁。」も「相如是。性如是。体如是。力如是。作如是。因如是……」と続きます。

北川 このテンとマルのとおりに読んではダメなのですね。

保江 テンとマルはフェイク。地雷です。『大祓』も同じで、わざと違うように書いてあるのです。

北川 このように印刷されたものだけを手に入れた人が勝手に真似をしても、効果がないようにしているわけですね。何だか武術の秘伝書みたいです。

保江 そうです。『大祓』では、ここで「速秋津比売《はやあきつひめ》という」と読んでは意味がない。効果がなくなってしまいます。「速秋津比売ちょう」と読むのです。「速秋津比売、ちょう、神々……」となります。

北川 「という」でなく「ちょう」なのですね。

保江 文字では「という」と表現されていて、それを「ちょう」と読む。そのように、至るところが細工されています。

それから、ここもです。「此《か》く依《よ》さし奉《まつ》りし」「四方《よも》の國中《くになか》と」。ここの間には、別の祝詞があるのに隠されてるのです。

北川 本当はあるのに書いてないのですか?

保江 どこにも書いていません。ただ、元プロレスラーの前田日明《あきら》さんはそれをご存知でしたね。初めて会ったとき、「ここに書いてある、本来あるべき祝詞はこうだと思いますが。一度聞いてみてください」と初対面のときに言われて、「何でそれを知っているんですか?」ということがありました。

あとこれは逆に、しっかりと書いてありますが、普通は書かないようなことが書いてあります。自分の母親を犯したとか、子供を犯したとか、普通ここは印刷もしない。文字どおりに読んだら間違った理解をしてしまいますからね。多分キリスト教にも、こういう落とし穴がいっぱいあると思います。だから、ちゃんとしたグルとか師匠に就いて修行しないといけないと思いますね。

北川 本当にそうですね。見ただけでわかった気になるのではなく、ちゃんとした先生について、とことん追求しないといけません。

音で知る、音でアクセスする人間の心身

北川 音の話でいうと、システマは呼吸法が非常に大事なので、呼吸音を聞くと大体その人の体調がわかるのですよ。

保江 なるほど。

北川 力が入っている人は歯を食いしばっているため、フーッと息を吐こうとしても子音の「s」や「z」のような歯の摩擦音が混じります。そうすると「この人は緊張してるな」とわかりますね。そして緊張具合によってその音の高さが変わってきます。緊張してると気道とかが細くなってしまうのです。フルートとかの小さい楽器だと音が高いですよね。あのような感じです。

保江 緊張すると呼吸音が高くなるわけですね。

北川 高くなります。落ち着いてくるとだんだん、ｆｕｕｕ……のように低くなってきます。呼吸音にどういう子音が混じるか、どういう音程かとか、聞くだけである程度はその人の心身の状況がわかります。

保江 凄いですね。そこまで捉えているとはビックリです。僕は人の呼吸なんか気にしていませんでした。

北川 日本の武術の場合、呼吸についてそれほど細かく教えるところは少ないようですね。

保江 「呼吸を盗め」とはいわれますが、あまり具体的には指南されませんね。野口晴哉の整体では、相手の体の悪いところに刺激を入れるタイミングは、相手が息を吐き切って吸う直前といわれます。それで相手の呼吸を読む訓練は一応はしましたが、武道ではあまり具体的に教わったことがないですね。

北川 武術では声を出すと敵に居場所がバレるため、発声しないという考え方も多いですね。例えば、柳生新陰流などは無声の剣です。一方で、薬丸自顕流とかは裂帛《れっぱく》の気合で有名です。副交感神経を高める方向性と、交感神経を高める方向性、と各々いえるかもしれません。

保江　佐川先生もそうでした。僕ら元々合気道をやっていた人間だとつい、「エイッ」とか発声してしまうのですが、本当にそれだけは注意されましたね。剣道では大きな気合を出しますが、佐川先生から甲源一刀流を教わったときも、発声は絶対になしでした。

北川　システマではあえて声を出す呼吸法もあります。普通はフーッと吐きますが、あえてブウッと音をつけるのです。そうすると、確かにリラックス効果が全く変わってきます。体が緩んで、なおかつ動きやすい状態になります。

呼吸とは音の振動なのですよね。振動は全体に伝わります。その振動の助けで全身が統一されて、パフォーマンスが上がるわけです。システマでは、呼吸の振動を使って体を一つにまとめる方法は結構やりますね。

保江　それは非常に理に適っていると思います。

北川　この呼吸の振動は横隔膜と肋骨の運動だから、最初は結構大きいのです。でもそれが進んでくると、より小さな振動、脈を感じるようになります。脈のほうが振動としてもう少し小さいので、より体の感受性が高まっていきます。

どんどんその振動を小さくしていくと、体温を感じたりするのですよ。熱というのは、さらに微細な振動ではないですか。おそらくそれが進んでいくと、光にも繋がってくるのではないかと思います。

保江 凄いお話ですね！ 北川さんは多分、一大総合宗教が起こせますよ（笑）。これを聞いたら、みんな信者になってしまうのではないですか。感動しました。

北川 いえいえ（笑）。

その呼吸を入り口に、脈とか、だんだん細かくしていって、突き詰めていくと〝光〟があるのでは、と考えています。先ほどの光明派の話とか、様々な武術家や宗教家の光の体験とかには、「何かあるんだろうな」と思っていて、結構興味があるところなのです。

保江 絶対に何かあると思いますよ。

北川 大東流には堀川幸道先生から錦戸無光《むこう》先生に伝わった系統で、大東流合気柔術光道《ひかりどう》というところもあります。武術も療術もなさっていて、やはり光の話をされています。光道の古賀武光先生と阿部勝利先生には、YouTube コラボを通じていろいろと教えていただきました。

保江 武術でも治療でも、求めていくと結局は人間の奥底、〝光〟に到達するのでしょうね。

科学も宗教も「知りたい」という願い、自由のための術

北川　ここまで、「武術と宗教」、そして「武術と科学」の繋がりの話が出てきましたが、「宗教と科学」のリンクも興味深いところがあります。

例えば『最後の晩餐』という圧倒的な宗教画を描いたレオナルド・ダ・ヴィンチ（１４５２〜１５１９）は物理学者、力学者、天文学者、解剖学者でありつつ、芸術家でした。現代ではそれらの分野は完全に分かれていますが、あの時代は宗教と科学の両方にまたがる活動をしている人も多いですよね。

保江　「科学は宗教と切り離されたものだ」という人がいます。その言い方もわかる面はありますが、順を追ってみると違うのですよね。そもそもカトリックの神父さんや修道士たちが、実は現代の物理学、科学を創ったのです。

例えば、ルネ・デカルト（１５９６〜１６５０）はパリの修道院の修道士でした。最小作用の原理を考えたピエール・ルイ・モーペルテュイ（１６９８〜１７５９）もパリの修道士で、神の存在を証明することが、研究の動機でした。「全てがある決まったように動くのは、神様がそうしてい

るからだ」と。

エスタニスラウ神父様も、ベルギーのルーヴァン大学を出られています。カトリック系の大学には神学科の横に、物理学科、化学科、生物学科、天文学科、そういうのがあります。そして、あのガリレオ裁判は一般大衆への見せしめなので、決して科学を否定してはいないのです。

北川 地動説を唱えたガリレオ・ガリレイ（１５６４〜１６４２）が、天動説を主張する教会関係者によって有罪にされたという宗教裁判ですね。

保江 教会は科学を否定はしていなくて、むしろ逆に利用していました。中国大陸にキリスト教を布教したときは、修道士の中の天文学者が次の日食がいつになるのかを計算して、そんなことを知らない中国人たちの前で、「我々の神が怒っていて、今から太陽を消すぞ」と言う。そうしたら、ちょうどその時間に太陽が欠けていくから、ビックリするわけです。そこで宣教師が「君たちが、我がキリスト教徒になれば、今再び神は許すであろう」と言ったら、また太陽が戻ります。それで、みんなキリスト教に改宗するわけです。そのように科学を利用してきたのです。実は、アヘン戦争の時代背景にそのようなことがあったようです。

そして、修道士たちが生物学や医学も発展させていきました。そういった知識を駆使してキリスト教を広めていくことが、彼らの使命だったからです。

その中で、先ほど北川さんがおっしゃったように、とことん限界まで、物理学などの科学を駆使していたからこそ、その先にある神のお力を、神秘的に捉えることができたわけです。

北川 なるほど、わかります。

保江 柳瀬睦男《やなせむつお》先生という上智大学の物理学者で、神父さんでもある方がいらっしゃいました。この方は、日本人で初めてバチカンの奇跡を認定するセクションの専属の神父になられた方です。僕は物理学会で時々会っていましたから、「先生、キリスト教の人たちはどのように奇跡を認定するのですか」と聞いたところ、詳しく教えてくれました。「まずは、とことん科学でつき詰めて、それを見た人の精神鑑定とかまでやって、それでもなお説明できないことがあったときにだけ、奇跡と認定するのです」と。

だから、それをできる度量も必要です。神父さんには、大学で物理学とか生物学、医学を学ばせて、博士号も取らせると。だから奇跡を認定するセクションの神父は全員、何らかの分野の博士なのだそうです。

なので、きっと武術だけではなく、キリスト教とか仏教などの宗教は、全て繋がっているのだと思います。

北川 はい、そう思います。

保江 前の教皇のヨハネパウロ2世が1978年ごろ、全世界のノーベル賞クラスの物理学者をお招きになりました。何の談判かというと、宇宙開闢《かいびゃく》の話です。ビッグバン理論とかはどんどん研究していいけど、ただ1点だけ守ってほしいと。「この宇宙は神がお創りになられたこと」だけは、悪いけども譲れないとのことでした。

物理学者にはキリスト教徒やユダヤ教徒の人が多いから、一応儀礼的なのでしょうが「わかりました」となりました。だから、神が創ったということを否定している物理学者は決していないと思います。

北川 実際、ロジカルに言ったら否定はできないですからね。いわゆる「悪魔の証明」です。

保江 そう。否定はできないのです。なので、宗教と科学はわりと合います。というか、敵対するものではないです。それと同じように、宗教と武術も敵対するものではないと僕も思っているし、北川さんも思っているということですね。

北川 だから私からすると、物理学などの科学も全部宗教の一部なのです。それら全ては、この世界を知ろうとする試みだから。

保江 そう、「世界を知ろうとする」、いい表現ですね！

北川 宗教もそうですね。神とは何か、神が創った世界とは何か、それを知ろうとする。自分自身を知ろうとする、相手を知ろうとする。そして、この世の仕組みを知ろうとする。

私としては、いわゆる人格のある神様がいるのかどうかは別として、人間を超えた存在がどうなっているのかをひたすら知ろうとすることだと思います。芸術も全部そうですよね。

保江　そうです。だから学問をするのです。ヨーロッパの古い時代から学問といわれてるものは「リベラルアーツ」といいますが、それはつまり「自由人の術」という意味です。「自由術」ですね。

北川　「自由術」ですか。

保江　当時はリベラルアーツこそが学問であり、その中に5教科がありました。一つは神について探求する神学。次が、宇宙について探求する天文学。それから、神と宇宙との繋がりを極める音楽。あと、この地上のいろいろな現象を究める物理学。もう一つが数学。

この5教科が自由人の技術でした。自由人がこの世の物事を知り尽くそうと思う努力、リベラルな術なのです。

武術は「マーシャルアーツ」といいますが、これも本当は自由になる術だからリベラルアーツの中に入るのだろうな、と。

北川　そうですね。自由になるためにやる。物事を知ることで自由になれます。

ミカエルが「人間が一番怖れるのは『無知』だ。なぜ死を怖れるかというと、死んだ後にどうなるかがわからないからだ」と言っていたのを思い出しました。

保江　なるほど。そうですね。

北川　死を怖れるというのは、実は死そのものを怖れているのではなくて、〝その後がわからないという未知〟を怖れているのだと。

INSTRUCTOR

だから、あらゆる〝知ろうとする営み〟は、その未知に対応し、乗り越えようとする試みなのだと思います。最大の恐怖心を乗り越えようとする試みですよね。

そう考えると、〝知ろうとする〟ことは凄く大事だと思います。科学にしてもそうですし、人にしてもそうですし。そこで、「ここから先がわからない」ということを知るのも大事なのです。一番わからないのは、「自分が何をわかってないか」ですから。

保江　そうそう。「何がわかっていないか、をわかっていない」という状況をできるだけなくす。

そのために、格闘技・武術の場合、まずは物理学、力学。流体力学、剛体力学などを武器としていろいろと探求していくのです。そうすると、自分が結局、何がわかっていなかったのかもわかるから。そこを追求して、真理を探求していく。

Epilogue

本当の強さとは何か?

保江　本書のプロローグで紹介した「イコンの手」の効果を動画で公開した後、いろいろな人が「実はその手の形は○○にありますよ」と教えてくれたのです。例えば修験道とか、ヨガとか。あるいは、経絡理論では三焦経《さんしょうけい》に対応する手だとか。「それ、早く教えてよ」という感じですよね（笑）。

北川　それぞれの分野で、秘伝として伝えられてきたのでしょうね。

保江　しかし、これからの時代は隠していても仕方がないと思いますよ。もう学ぶべきものが少なくてハッキリしている時代ではなく、情報が溢れている世の中だから。秘蔵していると埋もれて、せっかくの智慧が消えていってしまいます。御経の本当の読み方などもそうです。

北川　親指と薬指で輪を作るこの方法ですが、イコンの手やヨガのムドラ、弥勒菩薩の印相などを見ていくと、指を揃えるのか開くのか。手首を掌屈させるのか背屈させるのか、など細かい違いはあります。ヨガの初心者は細かいところを指導者に聞きたがるらしいのですが、本当は自分の感覚が大事であって、テキストで細かく決める必要はないわけですよね。自分に対しても他者に対しても嘘をつかずに、体や心と対話していくと、身の置き方は見えてきますから。

保江　それは、各経穴に名称を付けて明確にしてしまうことのデメリットにも通じますね。そして、「イコンの手」で崩す方法は、掴まれている側の手で薬指の輪を作っても確かに効くわけですが、そうすると掴まれている手の筋肉が動くから、相手に反応する手掛かりを与えてしまいます。なので、掴まれているのと反対側の手でやると相手に与える情報は少なくなります。本当は両手でやるほうが効きます。

それで今、気づいたことがあるんですけれど。

北川　今ですか！（笑）

保江　実は本当に指をくっつける必要はない、と。親指と薬指が接触したという、感覚だけを思い出す。それだけでいいのです。

北川　なるほど！　意識だけで繋ぐのですね。そういえば、仏像をよく見ると、指をつけているように見えて、ギリギリのところで離しているものもあるようですね。

保江　イコンや仏像で残されているのは、「自分で実際にやって、考えなさい」という意味だと思います。昔の人は、そうやって残してくれました。僕らは常に、昔の智慧を現代に活かしていくべきだと感じます。

北川　弥勒菩薩の印相、薬指で輪を作る手は「思惟手《しゆいしゅ》」、つまり救いの方法を考える形なのだそうです。暗闇や混沌の中でも、光が見えるように。どんな時代にも〝今〟の問題があります。昨今は世界情勢もいろいろと不安ですが、私たち武術家は、どのように役に立てるかということを、常に考えています。保江先生はいかがですか。

保江　僕は先日、ちょうど田村装備開発の田村社長に「本当に強い人は優しいんですね」と言っていただいたのです。その言葉に尽きますね。

北川　繋がってきましたね。本当にそうですよ。やはり弱いと精神的な余裕がなくなるから、攻撃的になったりするのです。自分ができることに対して誠実に取り組んで、昨日の自分より少しでも強くなっていく。そうして余裕が生まれると、それだけで違います。一流の格闘家に会うと、皆さん本当に優しいですよね。ごまかしが効かない世界で長年努力を続けている人は、口先だけではない本当の強さ、優しさに到達するのでしょう。

保江　剣道をはじめいろいろな武道・武術では、儒教由来の「仁・義・礼・智・信」の徳目を掲げています。その第一が「仁」、つまり優しさです。キリスト教的な言葉にすると「愛」というのが近い。強さが優しさだという話は、実は最初から示されているのですね。

だから、本当にみんなが強くなればいいのだと思います。

北川　そんな中で、自分で自分を強くできる術、自由になる術《アート》として、なかなか武術はよいのではないかなと思います。それも目潰しとかそういう技だけではなくて、体とメンタルをより掘り下げていくという面。それで自分を知っていって、強くしていくという面。武術はただ技があるだけではありませんからね。

そして武術でも科学でも、きちんと理屈をわかった上で、限界をとことん追求していく。それが「その先」に到達できる唯一の方法だと思います。その方法は過去から無数に書き残されていて、今はみんなで共有できる時代。みんながそこを目指せば世界が良くなると思うのです。

保江　まさにそうですね。いい感じでまとめて、道筋を示す言葉にしていただきました。この本は、できるだけ多くの方に読んでいただきたいですね。

保江 邦夫　やすえ くにお

1951年、岡山県出身。東北大学で天文学、京都大学、名古屋大学で理論物理学、数理物理学を専攻。理学博士学位取得後、ジュネーブ大学理論物理学科に奉職。確率変分学の開拓者。1982年、大東流合気武術の佐川幸義宗範に入門。2011年から冠光寺眞法においてカトリック僧侶の荒行と合気を融合させた活人護身術を指導。著書に『完全解明！合気の起源』（BABジャパン）、『合気五輪書（上）武道格闘技の最終奥義を物理学で極める』、『合気五輪書（下）武道格闘技の最終奥義が物理学の地平を拓く』（共に海鳴社）等多数。

星辰館～保江邦夫公式サイト
https://yasuekunio.com/

北川 貴英　きたがわ たかひで

1975年、東京都出身。システマ東京代表。ロシア武術システマ、モスクワ・トロント両本部公認システマインストラクター。2008年、モスクワにて創始者ミカエル・リャブコ師より公認インストラクターに認定。著書に『達人の条件』『システマ入門』（共にBABジャパン）、『最強の呼吸法 システマ・ブリージング』（マガジンハウス）、DVDに『システマ式超回復メソッド 最強の整体』、『浸透する力』（共にBABジャパン）等多数。出演映画「英雄傳」（監督：坂本浩一）が2025年公開。

システマ東京
https://www.systematokyo.com/

本文デザイン ● 澤川美代子
装丁デザイン ● やなかひでゆき
写真撮影 ● 中島ミノル
編集協力 ● 杉山元康

「自由術」
武術、宗教、科学の秘義

2025 年 5 月 10 日　初版第 1 刷発行

著　者　　保江邦夫／北川貴英
発行者　　東口敏郎
発行所　　株式会社 BAB ジャパン
〒 151-0073 東京都渋谷区笹塚 1-30-11　4・5F
TEL　03-3469-0135　FAX　03-3469-0162
URL http://www.bab.co.jp/
E-mail　shop@bab.co.jp
郵便振替 00140-7-116767
印刷・製本　中央精版印刷株式会社

ISBN978-4-8142-0707-7 C2075

保江邦夫先生の関連オススメ商品!!

佐川幸義宗範の“神技”に触れた二人が交わす!

書籍　「合気問答」

日本武術の深奥“合気”への確かなる道標! まず「体の合気」を深め、「観念の合気」へ進化させる! 合気の原理とは、「マザーテレサ効果」に他ならない。一つの境地に向かって、対照的な個性で各々にアプローチしてきた塩坂洋一、保江邦夫両者の“化学反応”から真理が解き明かされる!

●塩坂洋一、保江邦夫 著　● A5 判　● 280 頁　●本体：1,600 円＋税

極意は「無抵抗の心体」にあり

DVD　保江邦夫師範 合気を掴む! 第1巻【基本編】

当 DVD では師が指導する冠光寺流柔術稽古会を二巻に渡り丁寧に収録。システマにも通じる筋力・運動能力を凌駕し弱者が強者を制する合気の極意を誰にでも分かりやすく解説していく。【収録内容】合気起こし / 内手捕り合気技 / 諸手捕り合気技 / 胸捕り合気技 / 片手捕り合気技 / 首絞め合気技

●指導・出演：保江邦夫　● 61 分　●本体：5,000 円＋税

極意は「無抵抗の心体」にあり

DVD　保江邦夫師範 合気を掴む! 第2巻【実践編】

当 DVD では師が指導する冠光寺流柔術稽古会を二巻に渡り丁寧に収録。システマにも通じる筋力・運動能力を凌駕し弱者が強者を制する合気の極意を誰にでも分かりやすく解説していく。【収録内容】合気上げ / 突き合気技 / 横面打ち合気技 / 正面打ち合気技 / 組み合気技 / 掛け合気技

●指導・出演：保江邦夫　● 61 分　●本体：5,000 円＋税

自然科学で武術を学ぶ

DVD　保江教授の合気テクニカル VOL.1

佐川幸義宗範の技を物理学と生理学で追求! 資質や感性に負うところが大きいといわれる「合気技法」を武術界注目の物理学者・保江邦夫師範が 2 巻に渡り徹底解説。【収録内容】入り身投げ / 外無双 / 一ヶ条 / 大外刈り返し / 一ヶ条 / 肘当て / 体落とし / 地獄落とし / 小手返し / 諸手捕り抱え投げ / 四方投げ / 肘極め投げ / 肘当て / 小手返し / 天地投げ / 入り身投げ

●指導・監修：保江邦夫　● 74 分　●本体：5,000 円＋税

自然科学で武術を学ぶ

DVD　保江教授の合気テクニカル VOL.2

佐川幸義宗範の技を物理学と生理学で追求! 資質や感性に負うところが大きいといわれる「合気技法」を武術界注目の物理学者・保江邦夫師範が 2 巻に渡り徹底解説。【収録内容】四方投げ / 内手捕り呼吸投げ / 小手返し / 外無双 / 大外刈り / 頭突き / 横面打ち呼吸投げ / 空気投げ / 空気投げ / 天地投げ / 四方投げ / 肘当て / 片手投げ / 一ヶ条 / 入り身投げ / 合気揚げ

●指導・監修：保江邦夫　● 75 分　●本体：5,000 円＋税

SYSTEMA TOKYO 北川貴英 オススメ書籍！

16か条に学ぶ「達し続ける」知恵

書籍　達人の条件

ロシア武術「システマ」の魅力を日本中に知らしめた著者が、初めて自身の武術探求歴を明かし、あの達人たちの本当の凄さを綴る一冊。絶望から希望へと転換していった北川先生の道のりの中に、自由に自分らしく、世界をより良く生きるための歩み方が記されていた。 — ジークンドー・石井東吾氏推薦の書！

●北川貴英 著　●四六判
● 248 頁　●本体：1,500 円＋税

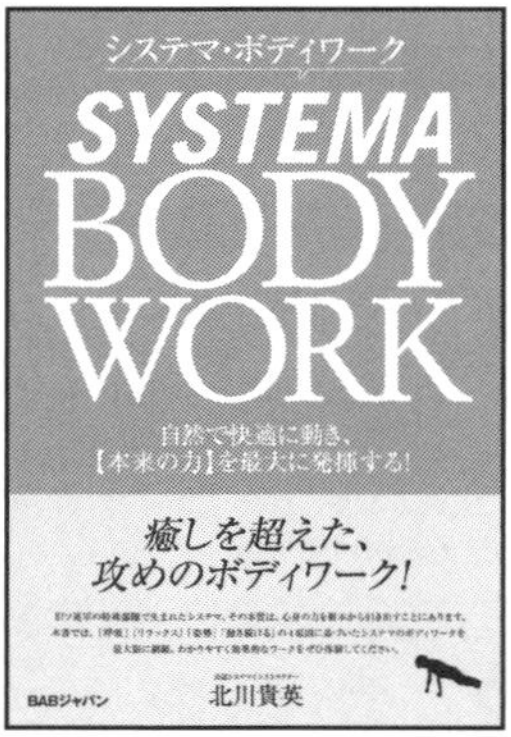

自然で快適に動き、【本来の力】を最大に発揮する！

書籍　システマ・ボディワーク

本書では、システマを「ボディワーク」という側面から紹介しています。ですからナイフへの対処法やパンチの打ち方といったいわゆる軍隊格闘術らしい技術は一切登場しません。しかし、この上なく実戦的です。あらゆる技術はそれを下支えする身体を整えることによって、威力を発揮するからです。

●北川貴英 著　●四六判
● 248 頁　●本体：1,400 円＋税

4つの原則が生む無限の動きと身体

書籍　システマ入門

ロシア軍特殊部隊“スペッナズ”で学ばれる格闘術「システマ」の基本ドリルから深い哲理までを解説した、待望の入門書が登場！日本人インストラクター・北川貴英氏による分かりやすい文章と多数の図版は世界初の質とボリューム！武術・格闘技愛好者はもちろん、日常生活にもそのまま使えるメソッドを紹介!!

●北川貴英 著　● A5 判
● 224 頁　●本体：1,600 円＋税